MW01680636

EDITORIAL UNILIT

El crecimiento que acompaña a la fe en Cristo.

Una Gran fe

JOHN LEONARD

Publicado por
Editorial **Unilit**
Miami, Fl. 33172
Derechos reservados

Primera edición 1997

© 1996 por John Léonard
Todos los derechos reservados. Se necesita permiso escrito de los editores, para la reproducción de porciones del libro, excepto para citas breves en artículos de análisis crítico.

Traducido al español por: Nellyda Pablovsky
Cubierta diseñada por: Ximena Urra

Citas bíblicas tomadas de: La Santa Biblia, Revisión 1960
© Sociedades Bíblicas Unidas.
Usada con permiso.

Producto 495014
ISBN 1-56063-616-5
Impreso en Colombia
Printed in Colombia

Contenido

SEGUNDA PARTE: EL CRECIMIENTO QUE ACOMPAÑA A LA FE EN CRISTO

Dedicatoria

Dedico este libro a mi maravillosa esposa que, con mucha paciencia, leyó una y otra vez cada palabra hasta cerciorarse de la claridad y legibilidad de mis pensamientos y que me animó continuamente durante la tarea de escribirlo.

También agradezco a Ruth Stewart que leyó el libro entregándome agudos criterios muy útiles en lo tocante a estilo y ejemplos; pero, fundamentalmente, por haber sido epítome personalizado de una gran fe. Ella lleva treinta y cinco años sirviendo fielmente al Señor en Su obra con los musulmanes, con los cuales procura compartir el amor de Cristo.

Además, expreso mi gratitud a Dave Ecklebarger por haberme pedido que escribiera este libro y por querer publicarlo.

Elevo mi oración por usted, mi lector, rogando que este libro le dirija hacia nuestro Señor y Su palabra y le aliente a profundizar su fe en Él. Hasta que Él vuelva.

Un siervo indigno
John Leonard

1

Solamente dos

S olamente dos! Imagínese solamente dos personas entre los miles que Jesús conoció; solamente dos que Él describe como poseedores de una gran fe. ¡Sorprendente!; ¿verdad?, que Jesús señalara solamente dos en Israel, la nación del pueblo fiel de Dios.

Ciertamente, estas dos benditas personas deben haber sido muy especiales. ¿Fueron dos de los discípulos? ¿Quizá Pedro y Juan? Pedro fue el líder de los discípulos y Juan es descrito como el discípulo que amaba Jesús (Juan 21:7) ¿Era el sumo sacerdote y un fariseo? Después de todo, estas personas eran los líderes de los fieles. El sacerdote era el representante de Dios para el pueblo y el del pueblo ante Dios. Los fariseos eran los guardianes de la fe, encargados de cerciorarse que todos obedecieran la ley de Dios. Si Jesús solamente destacó a dos personas, éstas deben haber sido sumamente significativas.

Usted puede estar pensando: "Si una gran fe es tan escasa, ¿por qué leer este libro? Las personas que tienen una gran fe no son gente del montón como yo. Serán predicadores o eruditos en Biblia o misioneros. ¿De qué me sirve leer acerca de una gran fe, a mí que solamente me especializo en las cosas comunes? ¿Por qué confirmar mi creencia que la vida cristiana cotidiana es todo lo que puedo esperar?"

Le diré por qué. Se equivoca si piensa que es demasiado común para tener una gran fe y que, para tenerla, debiera ser predicador o erudito en Biblia o misionero. Las dos personas que poseían una fe muy grande, según dijo Jesús, se parecían más a usted que a los predicadores, los eruditos en Biblia o los misioneros.

La palabra que repetidamente se emplea en el Nuevo Testamento para describir la fe de los discípulos no es "grande" sino "poca". ¿Se acuerda cuando Pedro quiso caminar sobre el agua con Jesús? Jesús lo sacó del agua diciéndole: ¡Hombre de poca fe! ¿Por qué dudaste? (Mateo 14:31). ¿Se acuerda cuando los discípulos tuvieron miedo de perecer en la barca en medio del mar? Despertaron a Jesús, que dormía, suplicándole que los salvara. Jesús les dijo: ¿Por qué teméis, hombres de poca fe?" (Mateo 8:26). Entonces reprendió a la tormenta, que amainó.

No, los discípulos no son los ejemplos de gran fe que da el Señor; efectivamente, los dos ejemplos de mucha fe vienen justamente después de estas dos reprimendas a la poca fe de los discípulos. ¡No se confunda!

Jesús quiere que todos sepamos que no tenemos que ser uno de los doce apóstoles para tener una gran fe.

Tampoco fue en el pueblo judío que Jesús encontró mucha fe. Lo único que le maravilló del pueblo de Israel fue su incredulidad. Hasta en Nazaret, el pueblo natal de Jesús, la gente se ofendió con Jesús y sus enseñanzas. Marcos lo comenta así: "Y estaba asombrado de la incredulidad de ellos". (Marcos 6:6). Ni siquiera encontramos mucha fe en los líderes del pueblo de Dios. Ante el concilio gobernante de Israel cuando Jesús fue juzgado, ellos le pidieron a Él que les dijera, simplemente, si era el Cristo. Él respondió: "Si os lo dijere, no creeréis" (Lucas 22:67). Parece que esos líderes no tenían fe ni querían creer.

Desafortunadamente, Jesús no encontró fe en la gente que debiera haberla tenido. No se halló en los discípulos, ni en el pueblo de Israel ni en sus líderes, aunque una gran fe fue hallada en dos personas que, por lo menos, tenían una cosa en común: ninguno se creía candidato para una gran fe porque eran gentiles. Ninguno, excepto Jesús, y Él encontró una gran fe en un centurión romano (Lucas 7:9; Mateo 8:10) y en una mujer cananea (Mateo 15:28).

Esas dos personas eran más que meros gentiles, pues representaban a los enemigos opresores del pueblo de Dios: los cananeos en los tiempos del Antiguo Testamento y los romanos en la época del Nuevo Testamento. Para los judíos era inconcebible que Jesús señalara como ejemplos de fe a estas dos odiosas personas. Pero Jesús lo hizo para enseñarnos que no hay persona en la tierra que esté fuera del alcance de la fe. El odio que nos tienen esas personas no es lo que les impide acceder a la fe, sino el odio que nosotros les tenemos es lo que nos impide compartir con ellos el Evangelio de Cristo. Estas dos personas eran mucho más diferentes que semejantes. Una era una mujer, la otra, un varón. Procedían de dos culturas y países diferentes: la mujer, de un distrito de Tiro y Sidón y, el centurión, probablemente de Roma. La mujer tenía muy poco poder y autoridad en su cultura, el centurión los poseía en demasía. La mujer había venido a Jesús por sí misma, pues nadie, sino ella, podía suplicar por su causa. El centurión tenía mucha gente que le ayudara, tanto los líderes religiosos como sus amigos. Estas dos personas estaban en los extremos opuestos de la escala económica. La mujer probablemente era pobre, quizá viuda o divorciada puesto que el esposo no está mencionado. El centurión era rico. Incluso, daba algo de su fortuna a otros. Ellos vinieron a Jesús con diferentes necesidades. La hija de la mujer estaba poseída del demonio y el esclavo del centurión estaba enfermo y moribundo.

Una de las verdades que nos enseñan estos dos personas opuestas que tuvieron mucha fe es cómo abordar la evangelización. Los cristianos, con mucha frecuencia, pasamos por el lado de la gente pensando "este tipo de persona nunca cree. Son demasiado malos o demasiado buenos, demasiado ricos o demasiado pobres. Han sufrido mucho o muy poco. No tienen educación o tienen demasiada educación".

El hecho de que estos dos creyentes extremos creyeran nos enseña a considerar a cada persona como candidato para el Evangelio. Jesús nos dice que ofrezcamos Su Evangelio a toda persona prometiendo que todo aquel que crea será salvo (Juan 3:16). En mi experiencia como evangelista he comprobado que la gente que pienso creerá las buenas nuevas, suele no creer; y, a la inversa, la gente que pienso no creerá, a veces cree. Debemos seguir al Espíritu Santo y permitir que Él nos dirija a quien Él quiera o estar listos para compartir el Evangelio con quien quiera que Él nos traiga. "Disculpe, Juan"; interrumpió cortésmente el anciano. "Hay un joven latinoamericano, en el estacionamiento; está con el automóvil andando y dice que tiene que confesar algo al 'padre'. ¿Puede atenderlo?"

Miré el reloj, era tarde; si la visita hubiera llegado cinco minutos después, no habría encontrado a nadie en la iglesia. No sabía si meterme en esto pues, esa mañana, estaba reemplazando al pastor titular de esa iglesia que andaba de vacaciones. Nosotros habíamos estado en el campo misionero durante un año y solamente habíamos vuelto a nuestro país por poco tiempo, del cual nos quedaba apenas un par de semanas más. Mi obra misionera era con los musulmanes, no con los latinoamericanos. Además, ya estábamos bastante atrasados para el almuerzo al que estábamos invitados y nuestros hijos, de dos y tres años, respectivamente, tenían hambre. Dije al anciano: "¿Puede encargarse de conversar con él?" Y éste me contestó: "Ya traté, pero el joven está decidido a hablar con el 'padre'. Traté de explicarle que ésta no es una iglesia católica pero insiste en que tiene algo que confesar".

Miré a mi esposa en busca de sabiduría y ella me dijo: "Adelante, pero trata de no demorarte demasiado". Mientras caminaba al estacionamiento me iba preguntando en qué me estaba metiendo; ¿qué querría confesar un joven latinoamericano en este condado de Dade, en el estado de Florida? Quizá había asesinado a alguien por cuestión de drogas, o golpeado a su amiga, o sencillamente no tenía dinero y quería ayuda. Cuando vi su automóvil, tuve más razones para preocuparme; el vehículo era viejo y muy usado, toda una ruina. El joven sentado en el automóvil, decididamente no era anglosajón, pero lucía cansado y algo nervioso.

Cuando me divisó, salió del automóvil encaminándose rápidamente hacia mí. "¿Usted es el 'padre'?"; preguntó con marcado acento extranjero.

"Bueno, yo soy un pastor, ¿necesita hablar con alguien?", le repliqué.

"Sí, tengo algo que confesar". Hizo una pausa para añadir: "Quiero ser cristiano".

Tomado totalmente por sorpresa le respondí: "¡Estupendo! Cuénteme algo acerca de usted".

"Me llamo Rida y soy un palestino musulmán, nací en Belén".

No podía creer lo que oía. Miré alrededor pensando que todos mis amigos me estaban haciendo una broma. Yo había sido pastor de esa iglesia antes de irme al campo misionero y acabábamos de pasarnos el año buscando musulmanes por toda Francia para hablarles de Cristo. Pensé que la evangelización de los musulmanes no tenía que ser así de fácil. La gente dice que cuesta años de trabajo para ver un solo converso, pero helo ahí, a Rida, pidiendo ser cristiano. ¡Qué ironía que Dios me trajera este joven musulmán de la misma iglesia que yo había dejado un año antes, al estacionamiento de autos!

Luego de cerciorarme de que mi esposa e hijos se fueran al almuerzo, llevé a Rida a la casa de un amigo que iba a poder discipularlo. Compartimos el Evangelio con Rida durante las dos horas siguientes. Pude ver que el Espíritu Santo trabajaba en su corazón a medida que nosotros hablábamos. Nos arrodillamos y él pidió a Jesucristo que fuera el Señor de su vida. Rida me contó, más adelante, cómo había empezado a interesarse en Cristo. Él era de Belén y solía ir a meditar en el patio de la iglesia que se edificó sobre el lugar donde se supone que nació Jesús. Había allí un pastor griego ortodoxo que hablaba con él a menudo de Jesús. Luego, Rida había sido enviado a los Estados Unidos por su acaudalado padre para que estudiara en una universidad. Libre de la vigilancia de su familia pudo hacer público su deseo de ser cristiano. Al hacerlo, arriesgaba ser separado de la familia, deportado de su país y, posiblemente, muerto si volvía allá. Rida también explicó cómo eligió su iglesia. Él había estado trabajando en la entrega de pizzas a domicilio en la noche anterior, cuando divisó la iglesia y decidió que "mañana iba a venir a esa iglesia a conversar con el padre". ¡La providencia de Dios había dispuesto que ese día ocupara el púlpito un misionero que ministraba a los musulmanes!

A veces pienso que esto no puede haber sido cierto pues es demasiado increíble. Mis dudas deben notarse cuando hablo con Rida porque hace poco, por teléfono, le pregunté si leía la Biblia, oraba e iba a la iglesia. Con un tono de voz decepcionada me contestó: "Padre Juan (todavía me dice "padre") quiero que entienda que realmente soy cristiano; el día que di mi vida a Cristo ¡realmente se la di! Sí, a las tres preguntas".

El Señor me recuerda, cada vez que pienso en Rida, que nadie está fuera del alcance del Evangelio. Si es posible hallar fe en este musulmán de Palestina, es posible hallarla en cualquiera. Dios puede llamar a cualquiera, en cualquier momento y lugar. Él sigue llamando a los hombres sabios al pesebre a que adoren al Rey.

Será difícil encontrar dos personas más diferentes que la cananea y el centurión romano que, sin embargo, comparten lo que Jesús llama una gran fe. ¿Capta el tremendo estímulo que nos da el hecho que esas dos personas, ubicadas en los extremos completamente diferentes del espectro de la existencia humana, hayan poseído una gran fe?

Esto nos dice que una gran fe no es posesión de una clase particular de persona. Que usted puede tener mucha fe, independientemente de su sexo, raza, nacionalidad, educación, circunstancias económicas o situación familiar. Nada que ocurra en su vida lo puede descalificar.

No tiene que ser un predicador, ni erudito en Biblia, ni misionero para tener una gran fe. Si lo es, puede que tener una gran fe le resulte más difícil porque uno siempre está tentado de poner su confianza en sí mismo y en sus habilidades antes que en Cristo. Pablo dice en el tercer capítulo de su epístola a los Filipenses, que todos sus méritos podían tentarlo, como a otros, a mirarse a sí mismo y no a Cristo. Ser común y corriente es el punto de partida perfecto hacia una gran fe.

2

Partes esenciales y signos vitales

La clase de biología era para que aprendiéramos el secreto de la vida y fuéramos capaces de definirla, cosa que hicimos mediante la disección de seres vivos para encontrar sus partes esenciales. Aquello empezó en forma bastante sencilla; primero una flor; luego un gusano, pero se volvió más difícil cuando tuvimos que disecar un sapo vivo. Siempre hubo algo que me turbaba en ese método. Aparte de todos los cortes propios de la tarea, una vez encontradas e identificadas las partes esenciales, no quedaba más vida en la víctima. Así que llegué a la conclusión de que la vida es en sí misma la parte esencial que hace que funcionen todas las otras partes. El mismo método usamos en teología para describir la fe. Los teólogos dirán que la fe está compuesta de tres partes esenciales: conocimiento, asentimiento y verdad. Eso significa para el cristiano tener un cierto nivel de conocimiento acerca de Cristo. El cristiano debe saber Quién es Él y qué ha hecho. Por eso es que leemos en Romanos 10:17: "Así que la fe es por el oír, y el oír, por la palabra de Dios". El asentimiento es la segunda parte esencial de la fe: no basta con saber de Cristo sino que usted debe estar de acuerdo con esos hechos y decir: "Sí, yo los creo". Tercero, usted debe confiar estableciendo una relación, no con los hechos de Cristo sino con Cristo mismo, una relación en la que usted, arrepentido, se vuelve a Él y lo abraza como su Amo y Señor.

Estas tres partes: conocimiento, asentimiento y verdad son las partes esenciales de la fe. Usted no tiene fe si le falta alguna de ellas. La trampa consiste en que usted puede pensar que posee las partes esenciales de la fe y concluir que tiene vida espiritual, cuando realmente, está espiritualmente muerto. Los fariseos fueron víctimas de este engaño y Jesús los describe a sí en Mateo 23:27:

> *Sois semejantes a sepulcros blanqueados, que por fuera, a la verdad, se muestran hermosos, mas por dentro están llenos de huesos de muertos y de toda inmundicia.*

Puede que usted tenga este mismo problema.

Otro problema inherente a dicho método es que puede animar a las personas para que procuren satisfacer los requisitos mínimos. A la gente le gusta saber qué se requiere y espera de ellos. Saber que han cumplido ciertas normas o metas les satisface muchísimo. ¡Eso es bueno! Pero hay otro aspecto en nosotros que usará esas normas como meta donde detenerse en lugar de emplearlas como guías que nos alientan a proseguir. Los fariseos hicieron eso con la ley de Dios. Ellos pensaron que ayudaban a la gente a acercarse más a Dios cuando elaboraron todas las listas de exigencias de la ley. En realidad, les dieron la oportunidad de contentarse con cumplir las exigencias mínimas que, por cierto, eran sus exigencias, y no las de Dios. Cada vez que Jesús se dirigió a los fariseos trató de sacudirlos de los requerimientos mínimos de su manera de pensar.

El Sermón de la Montaña, que es el monte Sinaí del Nuevo Testamento, empieza con las Bienaventuranzas. Fíjese que

Jesús no explica cada actitud sino que sencillamente las da. Estas son guías, no metas. Jesús rompe la mentalidad de la exigencia mínima al reinterpretar las leyes. Jesús dice refiriéndose al asesinato que usted no debe ni siquiera enojarnos con su hermano; del adulterio, dice que no basta con la obediencia física, sino que, también, debe ser mentalmente fiel. No obstante, Jesús nos da una meta:

> *Sed, pues, vosotros, perfectos, como vuestro Padre que está en los cielos es perfecto.*
>
> Mateo 5:48

Un abogado preguntó a Jesús: "¿Quién es mi prójimo?" (Lucas 10:29), queriendo saber dónde terminaban sus responsabilidades para con la gente. Jesús destruye esa manera mínima de pensar con la parábola del buen samaritano (Lucas 10:30-37) señalando al abogado que no hay fronteras geográficas para nuestro compromiso, si deseamos obedecer el mandamiento de amar a nuestro prójimo.

En Mateo 23:23 Jesús advierte a los fariseos:

> *¡Ay de vosotros, escribas y fariseos, hipócritas! porque diezmáis la menta y el eneldo y el comino, y dejáis lo más importante de la ley: la justicia, la misericordia y la fe. Esto era necesario hacer, sin dejar de hacer aquello.*

A usted no le agradaría mucho que su cónyuge, se limitara a hacer solamente las cosas mínimas por usted ignorando los votos matrimoniales de amarlo y honrarlo hasta que la muerte los separe. Dios no se complace con la gente que quiere esta clase de relación con Él. Nada ni nadie lo hará disfrutar a usted si está tratando constantemente de hacer lo menos posibles en la relación entablada.

Muchos de los que se llaman cristianos son culpables de esta clase de relación con Dios. Estas personas piensan que son cristianos porque se convencieron de poseer las partes esenciales de la fe. Si usted advierte que en su vida existe cualquiera de las siguientes condiciones puede que sea uno de ellos:

1) si está convencido de que me estoy refiriendo a otra persona;
2) si está satisfecho con su progreso en la vida cristiana;
3) si usted lee la Biblia para afirmar su posición y desaprobar al prójimo;
4) si con frecuencia piensa que otras personas están menos comprometidas;
5) si a menudo piensa que el sermón le viene bien a otros.

Puede que usted sea capaz de identificar las partes esenciales de su fe, pero está ausente la vida espiritual que es la más esencial de todas. El método de la disección, con el cual usted encuentra las partes esenciales de la vida, sirve en la medida que uno tenga presente que la vida misma es la parte más esencial. Hay una manera muchísimo mejor de ver si la vida está presente, que es observar sus signos vitales. Cuando el médico quiere saber cuán sano está usted, considera los signos vitales suyos.

Este es el enfoque que encontramos en la Biblia que no define las partes esenciales de la fe, sino demuestra lo que hace la fe. En toda la Escritura existe solamente una definición de fe.

> *Es, pues, la fe la certeza de lo que se espera, la convicción de lo que no se ve.*
>
> Hebreos 11:1

El resto de los treinta y nueve versículos de ese capítulo se dedica a mostrar qué hace la fe.

Jesús utiliza el mismo método; no nos define la gran fe sino que nos la muestra en un centurión romano y una mujer cananea. Él nos da guías y no metas. Nos muestra lo que es una gran fe para que nos empeñemos por alcanzarla y no pensemos que somos capaces de, sencillamente, poseerla. El niño estaba sentado mirando con envidia por la ventana, a sus amigos que jugaban fútbol. Su padre le había dicho: "Hijo, la iglesia es para estudiar la Biblia; después podrás jugar fútbol". No se trataba de que al niño le fastidiara estudiar la Biblia sino que era el único jovencito que estaba en la sala. Todos sus amigos jugaban afuera mientras él tenía que permanecer dentro sentado con sus abuelos.

El estudio bíblico de ese miércoles versaba sobre el Génesis. El nuevo pastor empezó explicando al pequeño grupo que ya no podían seguir confiando en el libro del Génesis porque había sido transmitido en forma oral de generación en generación. A medida que el pastor hablaba, los asistentes de mayor edad empezaron a sentirse incómodos; sabían que lo que el pastor decía no concordaba con la enseñanza recibida por ellos, pero ¿cómo enfrentarlo? Después de todo, el pastor tenía un doctorado en filosofía. El pastor terminó su introducción con esta pregunta retórica: "De modo que, obviamente, no existe una manera terrenal de que esta gente pudiera recordar lo que realmente sucedió, ¿cierto?"

Antes de que su padre pudiera detenerlo, un niñito, no mayor de siete u ocho años, dejó escapar: "¡Hay una forma de que pudieran recordar!"

El pastor le dijo, con una sonrisa condescendiente: "¿Así?; ¿y cuál es esa forma?".

El niño susurró tímidamente, sintiendo que todos los ojos se volvían a él:

"Si Dios quiso que lo recordaran, ellos pudieron hacerlo". Todos sonrieron con aprobación al mismo tiempo, pues encontraron su respuesta, como grupo, en la infantil contestación dada por el niño. Se volvieron al pastor, disfrutando el silencio mientras esperaban, calmados, su refutación. El pastor enrojeció de vergüenza, demostrando haber perdido por completo el hilo de su pensamiento y, por último, buscando las palabras, musitó: "Bueno, supongo que es posible, pero no muy probable". El padre se acercó a su hijo y le palmeó cariñosamente la rodilla. Esta historia de la vida real nos enseña que, a veces, la fe más grande se encuentra en el más pequeño del pueblo de Dios. Es por esta razón, que Jesús dice en Lucas 18:16-17: "Dejad a los niños venir a mí, y no se lo impidáis; porque de los tales es el reino de Dios. De cierto os digo, que el que no recibe el reino de Dios como un niño, no entrará en él".

El pastor podía explicar, con su doctorado, las partes esenciales de la fe; pero fue el niño quién mostró los signos vitales de la fe. Jesús no nos convoca a vivir conforme a los requisitos mínimos sino que nos inspira mostrándonos el potencial de la fe. Debemos considerar los relatos del centurión romano y de la cananea buscando los signos vitales de la fe sin intentar encontrar sus partes esenciales. Frankestein es una de las películas de horror más grande de todos los tiempos; trata de un científico que creía que podía devolver la vida a los cadáveres si estaban todas las partes; este científico creó un monstruo que lo destruyó. Si usted piensa que puede crearse su vida espiritual por sí mismo, juntando todas las partes e imitando los signos vitales, su creación lo destruirá también. La única persona que puede poner vida en nosotros es el mismo Espíritu que sopló vida al polvo y formó a la humanidad, el Espíritu Santo de Dios, el mismo Espíritu que Ezequiel vio poner carne en los esqueletos blanqueados por el sol y volver a insuflarles vida (Ezequiel 37).

Si usted siente que el Espíritu Santo está soplándole vida ahora, no lo resista sino que invítelo a llenarlo usando las palabras de este himno:

Hálito de Dios, sopla en mí,
Lléname con vida nueva,
Que así yo pueda amar lo que Tú amas
Y hacer lo que Tú haces.
Aliento divino, sopla en mí,
Hasta que yo sea completamente Tuyo,
Hasta que toda esta parte terrenal de mí
Resplandezca con Tu fuego divino.

Primera Parte: Los signos vitales de la fe

Lucas 7:1–10

Después que hubo terminado todas sus palabras al pueblo que le oía, entró en Capernaum. Y el siervo de un centurión, a quien éste quería mucho, estaba enfermo y a punto de morir. Cuando el centurión oyó hablar de Jesús, le envió unos ancianos de los judíos, rogándole que viniese y sanase a su siervo. Y ellos vinieron a Jesús y le rogaron con solicitud, diciéndole: Es digno de que le concedas esto; porque ama a nuestra nación, y nos edificó una sinagoga. Y Jesús fue con ellos. Pero cuando ya no estaban lejos de la casa, el centurión envió a él unos amigos, diciéndole: Señor, no te molestes, pues no soy digno de que entres bajo mi techo; por lo que ni aun me tuve por digno de venir a ti; pero di la palabra, y mi siervo será sano.

Mateo 15:21–28

Saliendo Jesús de allí, se fue a la región de Tiro y de Sidón. Y he aquí una mujer cananea que había salido de aquella región clamaba, diciéndole: ¡Señor, Hijo de David, ten misericordia de mí! Mi hija es gravemente atormentada por un demonio. Pero Jesús no le respondió palabra. Entonces acercándose sus discípulos, le rogaron, diciendo: Despídela, pues da voces tras nosotros. Él respondiendo, dijo: No soy enviado sino a las ovejas perdidas de la casa de Israel. Entonces ella vino y se postró ante él, diciendo: ¡Señor, socórreme! Respondiendo él, dijo: No está bien tomar el pan de los hijos, y echarlo a los perrillos. Y ella dijo: Sí, Señor; pero aun los perrillos comen de las migajas que caen de la mesa de sus amos. Entonces respondiendo Jesús, dijo: Oh, mujer, grande es tu fe; hágase contigo como quieres. Y su hija fue sanada desde aquella hora..

3

La fe actúa sobre la verdad

Fe es creer lo que sabes no es verdad!", gritó el niño a su profesor de escuela dominical que acababa de preguntar el concepto de fe. Mucha es la gente que, desafortunadamente, comparte la opinión de ese niño. El mundo que nos rodea quisiera forzarnos a definir así la fe, pero la respuesta del niño en nada se relaciona con la fe bíblica. "¡Creer lo que sabes no es verdad!" ataca la verdadera naturaleza de la fe por lo menos en dos formas. La primera, iguala la fe con la simple credibilidad que se le da a una serie de creencias. Santiago dice en su epístola que la creencia no es la fe bíblica; así lo escribe:

> *Tú crees que Dios es uno; bien haces. También los demonios creen, y tiemblan.*
>
> Santiago 2:19

Nada desagrada tanto a nuestro Señor que aquellas personas que le sirven simplemente de los dientes para afuera. Isaías profetizó: "Porque este pueblo se acerca a mí con su boca, y con sus labios me honra, pero su corazón está lejos de mí, y su temor de mí no es más que un mandamiento de hombres que les ha sido enseñado".

El segundo ataque a la naturaleza de la fe consiste en afirmar que la fe no tiene que afirmarse en la verdad. Por tanto, el mundo nos dirá que no importa lo que usted crea en la medida que crea. Cuando el mundo habla de la verdad se refiere a aquellas cosas que pueden ser probadas científicamente en el laboratorio o legalmente en el tribunal. Se apresuran a decirnos que no podemos probar la existencia de Dios en un laboratorio, de modo que lo que creen los cristianos no es mejor ni peor que la creencia de cualquier otra religión. Demasiados son los teólogos cristianos que se han rendido a la presión del mundo acerca de este particular. Dicen que realmente no importa si Jesús fue efectivamente levantado de los muertos, pues lo importante es que lo creamos. No debemos rendirnos a la presión de nuestra época, pues el mundo no ha sido capaz de probar lo contrario a la verdad de cualquiera de los pilares mayores de la fe cristiana. Nuestra fe ha soportado dos mil años de ataques de los escépticos. La tumba vacía de Cristo es la prueba física y los relatos de los testigos presenciales son la prueba legal de la veracidad del cristianismo. Estos hechos suelen ser ignorados con demasiada frecuencia.

El apóstol Pablo escribe que si Cristo no resucitó, vana es nuestra fe y que somos falsos testigos de Dios, que seguimos en nuestros pecados y que debemos ser objeto de conmiseración más que todos los otros hombres (1 Corintios 15:14–19). En resumen, no hay cristianismo sin la veracidad del testimonio de las Escrituras. La fe cristiana tiene que hacer todo con la verdad pues es la única fe verdadera.

La fe dista mucho de creer lo que uno sabe que no es verdad. La fe actúa sobre la verdad, lo cual constituye un signo vital de gran fe; "Cuando el centurión oyó hablar de Jesús, le envió unos ancianos de los judíos, rogándole que viniese y sanase a su siervo" (Lucas 7:3)

¿Cómo oyó hablar de Jesús este centurión y qué oyó? ¿Acaso un informe oficial? ¿Fue gente de su servicio de inteligencia que le contaron de Jesús basado en las noticias que deben haber estado circulando? Yo puedo escuchar ese informe:

> Hoy recibimos noticias de nuestros investigadores en el terreno, que hay una especie de profeta judío en la ruta a Capernaum. Algunos piensan que se trata de Juan el Bautista, resucitado; otros, que es Elías y hasta el Cristo. Por supuesto, no podemos confirmar esto. Por el momento Él no parece constituir una amenaza para Roma. No habla de derrocar el gobierno romano, no aboga por la violencia sino que habla constantemente de un cierto "reino del cielo". Sin embargo, se registró un incidente en Jerusalén hace poco tiempo. Parece que Él causó desorden en el templo al echar fuera a los mercaderes que trabajaban en terrenos del templo, cosa que hizo solo por propia mano. El mayor problema que se nos presenta es el control de la multitud. Dicen que Él puede sanar enfermos y, como resultado de ello, mucha gente está llevando sus enfermos a Él. Lo mantenemos bajo vigilancia. Quizá el centurión oyó de Jesús de boca de sus amigos. Evidentemente, el centurión debe haber tenido muchos buenos amigos y, quizá, uno se le acercó a contarle de Jesús y Su manera de sanar enfermos. Hay algo que sabemos con certeza, sin que importe cómo supo el centurión acerca de Cristo; este hombre no supo mucho de Jesús pero usó el escaso conocimiento que tenía para actuar sobre esa base.

Si puede verse la gran fe del centurión por medio de su acción basada en lo que era verdad, entonces, la incredulidad de los fariseos puede verse por medio de que no actúan. ¿Cómo fallaron al no actuar? ¿Recuerda algún ejemplo del Nuevo Testamento en que un fariseo o un saduceo hubiera llevado un amigo enfermo o un familiar a Jesús? Marcos 5:22,23 relata el caso de Jairo, dignatario de la sinagoga, que pidió a Jesús que sanara a su hija, pero no se dice que Jairo haya sido fariseo o saduceo. No se registra un hecho tal en los Evangelios. Por lo tanto, debemos concluir una de dos: esa gente y sus familias eran muy sanos y no necesitaron a Cristo o sencillamente optaron por no actuar basados en la verdad. Los fariseos sabían tanto más de Jesús que el centurión. Estuvieron ahí donde El sanaba a los enfermos. Lo vieron dar vista al ciego; vieron caminar al cojo; interrogaron cuidadosamente a algunos de los así sanados para cerciorarse que, efectivamente, era Jesús quien los había sanado. Hicieron todo, salvo actuar basados en la verdad.

El mundo habla de la fe ciega, pero lo ciego es la incredulidad. Pablo escribe:

El dios de este siglo cegó el entendimiento
de los incrédulos.

2 Corintios 4:4

El mundo que nos rodea no cree, porque la mente del hombre es incapaz de interpretar correctamente la verdad. No se nos dice cómo supo la cananea acerca de Jesús pues el relato correspondiente no lo informa; todo lo que sabemos es que ella actuó basada en el escaso conocimiento que tenía y vino a Él. Estos actos de fe de ambos: el centurión y la cananea, demostraron una gran fe porque sabían muy poco e hicieron mucho.

Ninguna organización misionera quería a Bruce pues carecía de méritos y de talentos especiales. A él no le gustaban los exploradores de modo que, ciertamente, no iba a ser un buen misionero para los indios que vivían en la jungla. Todo lo que Bruce sabía es que la palabra de Dios decía: "Id, y haced discípulos a todas las naciones".

Una noche Bruce oyó hablar acerca de los indios de Colombia en la reunión de una iglesia donde habló un misionero que estaba de visita. Bruce sintió que Dios le llamaba a llevar el Evangelio a esos indios. Compró un pasaje aéreo a Colombia y se fue por cuenta propia. No sabía una palabra de español, no tenía apoyo ni alguna organización misionera tras él. Actuó basado en lo que sabía era verdad, clamando la promesa de Cristo: "Y he aquí yo estoy con vosotros todos los días, hasta el fin del mundo" (Mateo 28:20). Puede leer la autobiografía de Bruce Olson: *Por esta cruz te mataré,* publicada por la Editorial Vida, y comprobar así las milagrosas maneras en que Dios honró a este hombre común y corriente que demostró una gran fe actuando basado en lo que sabía era verdad.

Eso que engrandece la fe de Bruce Olson, del centurión y de la cananea es que ellos actuaron basados en la verdad que sabían. La fe de los discípulos es catalogada de poca fe por Jesús porque ellos sabían mucho y actuaban basados en una pequeña parte de esa verdad. La incredulidad de los fariseos es evidente porque sabían mucho y no actuaban basados en la verdad de Cristo. La pregunta que usted debe formularse es ¿en cuál grupo se clasifica? ¿Qué está haciendo con la verdad de Cristo que usted sabe? ¿Sus acciones reflejan la verdad bíblica?

Deténgase ahora mismo y escriba, a la izquierda de una hoja de papel, algunas de las verdades encontradas en la Biblia. Al otro lado, escriba cómo debiera usted actuar basado en la palabra de Dios. A continuación, haga una lista corta para que empiece. Luego dedique un tiempo a orar pidiendo al Padre que le ayude a actuar basado en Su verdad.

Verdad
Dios es mi Padre celestial
La Biblia es la palabra de Dios
Jesús es el Hijo de Dios
Él murió en la cruz
Él resucitó al tercer día
Jesús regresa
Hay un día de juicio
Jesús envió al Espíritu Santo
Acción adecuada
Oración
Leerla, obedecerla
Confiar en Él

4

Cristo, el objeto de la fe

Pero yo le creía. Tenía fe en él y sus tratamientos. ¿Cómo pudo hacerme esto? Se quedó con todo mi dinero y, ahora, el médico dice que mi estado es crítico; ¡que puede ser muy tarde para que la medicina me ayude!" Mientras ella doblaba su cabeza y empezaba a llorar, el consejero buscaba palabras de consuelo para esta mujer. Desafortunadamente, se trataba del final de un trágico cuento que sucede con demasiada frecuencia.

El consejero dijo con amabilidad: "Cuénteme por favor cómo pasó; empiece por el principio".

"Hace poco más de un año me hice un examen médico completo; el doctor encontró un tumor en una radiografía. El diagnóstico no fue bueno y el tratamiento que ese doctor sugirió era muy caro. Tampoco pudo prometer que la terapia me curaría. Entonces, por casualidad, vi un aviso que anunciaba a un "espiritista que sana por fe" y decidí llamar. Este hombre me contó muchas historias de personas que habían sido completamente sanadas de lo mismo que yo tenía. Sus historias eran increíbles. ¡Él me dio tanta esperanza! Ese hombre parecía interesarse tanto por cuidarme; me dio turno inmediatamente en su abarrotado horario de trabajo. Yo pensé que era cristiano porque tenía una Biblia encima de su escritorio y una cruz en la pared. Los tratamientos que me dio eran mucho más baratos que el del médico anterior y, aunque no los entendía, pensé que si creía realmente con todo mi corazón, iba a recibir un milagro también. Podía verlo en cualquier momento que yo quisiera. Él era tan amable y me dedicaba tanto de su valioso tiempo. En realidad, al principio me sentí muy bien y creí que me estaba mejorando. Cuando mi estado empeoró y se me acabó el dinero, se me hizo más difícil conseguir un turno. Luego, un día que fui a su oficina, me encontré con que se había ido y nadie sabía adónde". Este triste cuento sin final feliz ilustra que el aspecto más importante de la fe es lo que usted cree y no el fervor o sinceridad con que crea. Por eso el primer signo vital de la gran fe del centurión y de la cananea es que creyeron que Cristo podía ayudarlos. Ellos plantearon su petición a Cristo. Cristo fue el objeto de la fe de ellos.

Los fariseos no tenían verdadera fe porque su doctrina de Jesús era incorrecta en todos los aspectos. No aceptaban el testimonio de la Biblia. No aceptaban el informe de los testigos oculares y ni siquiera creían las obras que hizo Jesús, que advirtió a sus discípulos que se guardaran "de la doctrina de los fariseos y de los saduceos" (Mateo 16:12).

La Biblia nos manda creer, pero también nos manda *qué* creer, dejando muy en claro que para ser cristiano usted debe asirse a las verdades que enseñan las Escrituras. El problema es ¿cómo interpretamos correctamente la Biblia? Las sectas suelen usar la misma Biblia que nosotros. De este modo, ¿quién tiene la razón?

Los principios más importantes que se usan para interpretar la Biblia fueron enseñados por el mismo Jesús. Ese principio señala que todo el mensaje de la Biblia apunta a Cristo.

Una vez que Jesús hablaba a los judíos, dijo:

> *Porque si creyeseis a Moisés, me creeríais a mí, porque de mí escribió él*
>
> Juan 5:46

Después de la resurrección de Jesús, leemos:

> *Y comenzando desde Moisés, y siguiendo por todos los profetas, les declaraba en todas las Escrituras lo que de él decían.*
>
> Lucas 24:27

Jesús es la verdad central de la Biblia, tanto del Antiguo como del Nuevo Testamento. Jesús es el mensaje central del Evangelio. Jesús es la doctrina central de la iglesia. Jesucristo, quién es Él y lo que Él hizo, es la verdad central sobre la cual se cimienta nuestra fe. Las sectas suelen cometer sus errores mayoritariamente sobre la persona y obra de Cristo. Los testigos de Jehová y los mormones, por igual, niegan la divinidad de nuestro Señor y el significado de la muerte de Cristo. La iglesia siempre ha defendido lo que enseña la Biblia respecto de Cristo. La iglesia de los primeros tiempos usaba credos para expresar lo que creía. La palabra credo viene del latín que significa creencia. La iglesia quería que todos supieran qué creer para poder distinguir la única fe verdadera de la doctrina falsa. Nada ha cambiado. Si usted quiere ser cristiano debe afirmar cierto monto de verdad. Estas verdades no son patrimonio exclusivo de una iglesia en particular sino que están contenidas en las Escrituras. No tenemos derechos a quitar ni agregar a la palabra de Dios sino solamente a interpretarla y aplicarla a nuestras vidas.

Vivimos en una época en que se ha echado a un lado la importancia de la doctrina en aras de la tolerancia, pero el problema no es la doctrina. La doctrina significa sencillamente enseñanza. La doctrina de una iglesia es lo que enseña. Cierto es que la iglesia ha ido muy lejos al dividirse por puntos que no son esenciales del Evangelio, pero hoy debemos, más que nunca antes, saber qué creemos y por qué, no con actitud divisiva respecto de nuestros hermanos sino que, debido a las falsas doctrinas de las sectas, tenemos que sostener firmemente los puntos esenciales de la fe y ser pacientes unos con otros respecto a nuestros desacuerdos.

La apostasía de la fe no significa que usted deje de creer del todo sino que ya no sostiene más las doctrinas enseñadas en la Biblia. Pablo nos advierte:

> *Pero el Espíritu dice claramente que en los postreros tiempos algunos apostatarán de la fe, escuchando a espíritus engañadores y a doctrinas de demonios.*
>
> 1 Timoteo 4:1

Pablo proclama haber sostenido las verdaderas doctrinas de la fe cuando dice:

> *He guardado la fe.*
>
> 2 Timoteo 4:7

Pablo hace el contraste de haber guardado la fe con aquellos que se han descarriado:

> *No sufrirán la sana doctrina, sino que teniendo comezón de oír, se amontonarán maestros conforme a sus propias concupiscencias, y apartarán de la verdad el oído.*
>
> 2 Timoteo 4:3

Como cristiano usted debe empeñarse no solamente por creer sino por cerciorarse de que el contenido de su fe es fiel a las Escrituras en todos los aspectos y por creer ni más ni menos lo que ellas enseñan.

Pero el cristianismo es más que creer los hechos concernientes a Jesús o suscribir una serie particular de creencias. Cristianismo es poner nuestra fe en Cristo mismo. La Biblia nos llama repetidamente a tener fe en Él, a confiar en Él, a creer en Su nombre, a creer en el Hijo de Dios, a creer en Jesús, en el Señor, en Cristo, en Su muerte. Jesús dijo a Marta:

Yo soy la resurrección y la vida; el que cree en mí,
aunque esté muerto, vivirá.

Juan 11:25

Él dice a Sus discípulos que pongan en Él la misma fe que ponen en Dios:

Creéis en Dios, creed también en mí.

Juan 14:1

Nosotros tenemos que depositar nuestra fe en Cristo también.

La meta de Pablo en esta vida no era dominar los hechos de la fe sino conocer a Aquél en quien había depositado su fe.

En Filipenses 3:10 dice:

A fin de conocerle.

De nuevo, para reafirmar esta verdad, en 2 Timoteo 1:12 dice:

Yo sé a quién he creído, y estoy seguro que es poderoso para guardar mi depósito para aquel día.

Los cristianos tenemos que creer el hecho acerca de Cristo y también abrazar a Cristo confiando personalmente en él.

Tanto de la iglesia actual yace muerta porque simplemente sostienen los hechos acerca de Cristo y no a Cristo mismo. No es el conocimiento de la resurrección lo que da la vida sino el mismo Señor resucitado.

Pablo lo dice en Gálatas 2:20:

Con Cristo estoy juntamente crucificado, y ya no vivo yo, mas vive Cristo en mí; y lo que ahora vivo en la carne, lo vivo en la fe del Hijo de Dios, el cual me amó y se entregó a sí mismo por mí.

Pablo tuvo que morir primero a sí mismo para que Cristo viviera en él. Esta muerte del "yo" es lo que se llama arrepentimiento. No sólo se arrepintió de su pecado sino de todo un estilo de vida que no estaba sometido al señorío de Cristo. Por eso es necesario que cada uno de nosotros nos arrepintamos. Deben arrepentirse por igual el asesino que mata y el médico que salva vidas; sus pecados pueden ser diferentes, pero cada uno debe arrepentirse no solamente de los pecados en particular que cometieron sino del estilo de vida que no está controlado por Cristo. Cuando me casé, renuncié a todas las demás mujeres por mi esposa. Le di la espalda no sólo a mis antiguas amigas sino a todo el estilo de vida de soltero. De igual manera, el arrepentimiento no consiste solamente en abandonar los pecados cometidos sino en abandonar el estilo de vida, bueno o malo, que no hace el Señor Jesús.

La fe y el arrepentimiento van de la mano en la Biblia; son las dos caras de la misma moneda. Jesús llamaba a la gente diciendo:

Arrepentíos y creed en el evangelio..

Marcos 1:15

No podemos ir a Cristo a menos que nos volvamos de nuestro anterior estilo de vida. Esto es como si fuera manejando su vehículo por la calle y, súbitamente, se diera cuenta que va por mal camino. Usted gira en U y enfila hacia su destino. El giro en U es el arrepentimiento, mientras que la fe es enfilarse hacia Cristo.

El arrepentimiento no es solamente sentir aflicción por nuestros pecados, aunque la pena suele acompañar al arrepentimiento. El arrepentimiento es un acto de la voluntad ayudada por el Espíritu Santo, que nos hace darle la espalda a nuestra antigua manera de vivir, tanto buena como mala, y volvernos a Jesús en fe. El arrepentimiento no es solamente un acto de una sola vez sino que, para el cristiano, es necesario arrepentirse cada vez que se encuentra alejándose del Señor. Los fariseos no se arrepintieron sino que continuaron confiando en sí mismos. Esta es una de las cosas que hace tan difícil a la fe. Usted tiene que tener confianza completa en Él y no en sí mismo. Para tener verdadera fe usted debe creer lo que dicen las Escrituras acerca de Cristo y también poner su plena confianza en Él. Cristo debe ser el objeto de su fe. Usted debe confiar en Él personalmente, no en usted.

Jesús dice a la iglesia tibia de Laodicea que su problema es que sus miembros confían en sí mismos y no en Él. Su advertencia (Apocalipsis 3:17 y siguientes) dice que nos demos cuenta de nuestra situación, nos arrepintamos y confiemos en Él. En el versículo 20, Jesús les dice cómo empezar:

> *He aquí, yo estoy a la puerta y llamo; si alguno oye mi voz y abre la puerta, entraré a él, y cenaré con él, y él conmigo.*

5

El poder de Cristo es ilimitado

Un momento, joven¡! ¿Adónde va con esa camilla? ¿No sabe que hoy es el día del Señor? Mire aquí, lea el mandamiento cuatro: "Mantendrás santo el día del reposo"; el reglamento número doscientos treinta y uno: "No moverás ninguna clase de mobiliario doméstico, lo cual abarca, sin limitaciones a: mesas, sillas, escritorios, camas, colchones, catres, etcétera, etcétera", bufó de cólera el fariseo. "¿Cómo, qué dices, que un santo varón te dijo que te la llevaras a casa? No me importa si fue el mismísimo Cristo quien te dijo que la trasladaras, no puedes hacerlo; Dios no obra de esa manera. Lo que falta es que ahora me digas que eres el cojo de la calle de las afueras. Oh..., ¿eres tú?; ¿Y ésta es la primera vez en treinta y ocho años que puedes caminar? Veo cierta semejanza, pero si esto realmente viniera de Dios nunca pasaría en un día de reposo. ¿Con cuál poder te sanó ese profeta? Ciertamente, no con el de Dios porque hemos estudiado la ley de Dios y podemos decirte lo que Dios puede y no puede hacer. Tú sabes, Él es soberano. ¿Con qué autoridad piensa ese individuo que puede decirle a la gente que trabaje en el día de reposo? No, no es de Dios. Eso no sucede, es imposible para Dios. Él no sana en el día del reposo sino que descansa. ¡Tú debieras estar descansando también! Échate en tu camilla. Mañana, si aún sigues caminando, puedes llevártela a casa. Además, ¿qué significa un día más después de los treinta y ocho años? Ah, otra cosa más, ¡deja de estar tan feliz! Este es el día que el Señor ha hecho, mostremos un poquito más de respeto".

Aunque el relato precedente resulte humorístico, no lo es la incredulidad de los fariseos. Ellos no reconocieron a Jesús como el Mesías porque adoraban a su propio sistema religioso, pero no a Dios. Jesús les dice:

Ni a mí me conocéis, ni a mi Padre; si a mí me conocieseis, también a mi Padre conoceríais.

Juan 8:19

Los fariseos pueden ser catalogados de idólatras, pues no servían al Dios de la Biblia sino a un dios inventado por ellos mismos; un Dios que no podía actuar libre y soberanamente como le placiera sino que debía conformarse al hermético sistema fariseo. Estos hombres estaban tan enamorados de su religión que crucificaron al verdadero Dios tratando de protegerla, porque Dios no vivía a la altura (en realidad bajeza) de sus expectativas.

En forma contraria a la incredulidad de los fariseos, que ponía límites a Dios, vemos el signo vital de una gran fe en el centurión, que no limitó el poder de Cristo. Fíjese en la situación que el centurión trajo a Cristo:

Y el siervo de un centurión, a quien éste quería mucho, estaba enfermo y a punto de morir.

Lucas 7:2

El centurión no escatimó esfuerzo o gasto posible para ayudar a que su esclavo se sanara de su enfermedad, porque éste le importaba mucho. La situación en que se encontraba requería de la ayuda divina. El centurión creía que si Jesús era quien decía ser, ciertamente entonces era posible que su siervo sanara. Su problema no escapaba de los recursos del poder de Cristo.

Algunos de ustedes, al contrario de este centurión, creen que sus problemas escapan de los recursos de Cristo, ya sea porque la situación es tan inmensa y complicada que aplasta, y usted está seguro que nadie, ni siquiera Cristo, puede ayudarle, o porque la situación es tan insignificante que usted no podría molestar a Cristo con los nimios detalles de su vida. Ambas actitudes son malas, pues limitan el poder de Cristo, le roban a usted las bendiciones de ver que Cristo obra en su vida. Jesús le diría:

> *Oh, tú, que tienes poca fe, el Dios que cuida de las aves y de las flores silvestres ciertamente cuidará también de ti.*
>
> Mateo 6:25 y siguientes

El centurión sabe que Jesús, por ser Dios, es capaz de sanar a su siervo con sólo hablar (Lucas 7:7). No se necesita ritual ni ceremonia, sino solamente la palabra de Jesús. El centurión se da cuenta del poder que él mismo ejerce sobre sus propios hombres mediante una sencilla orden y así lo expresa:

> *Y digo a éste: Ve, y va; y al otro: Ven, y viene.*
>
> Lucas 7:8

Si él, un simple centurión tiene esa clase de poder, ¡cuánto más Cristo! El centurión sabe que Dios no se esfuerza sino que desea y que todo lo que Él dice, es. Dios creó el mundo, hablando. Leemos ocho veces en el primer capítulo del Génesis: "Y dijo Dios..."; todo lo que es llegó a existir por la palabra del Señor. La mayor parte de las sanidades que relatan los Evangelios ocurren con el hablar de Jesús. El libro de Apocalipsis retrata a Jesús con una espada por lengua, pues Él destruirá a Sus enemigos con Su palabra (19:15). Con frecuencia ponemos límites al poder de Dios creyendo que Él tiene que hacer algo en cierta forma: nuestra forma. La frase: "Nunca lo hemos hecho así antes" significa, en realidad, que Dios solamente lo hace de una manera: esa manera que más cómoda nos resulta. El miedo de lo que puede hacer el Señor con nosotros nos impide estar a Su disposición. Si creemos que Dios no puede trabajar con cierta iglesia, porque ella no cree como nosotros, nuestras restricciones exigen, entonces, un dios que solamente es del tamaño de nuestra iglesia o doctrina. Ese modo de pensar demuestra que no entendemos el infinito poder del Cristo que, con una palabra, hace existir mundos o los destruye. Limitamos el poder de Jesús con nuestros miedos y supersticiones en vez de mirar la palabra de Dios y ver qué dice. No creemos que Dios obre portentos en nuestras vidas o en nuestras iglesias. Lo limitamos con nuestras expectativas y excusas ordinarias para que nunca cambien las cosas. Hacemos todo excepto lo que debemos hacer: dejar que Jesús reine y gobierne en Su iglesia y quitar los límites que pusimos a Dios, esperando —nada menos— que ver Su obra en nuestras vidas.

La mujer cananea no limitó el poder de Cristo. Su hija estaba "gravemente atormentada por un demonio" (Mateo 15:22). Ella sabía que esto no era difícil para el Señor. Dijo que todo lo que necesitaba eran algunas migajas de la mesa del Señor para manejar el problema. Si las migajas pueden resolver sus problemas, ¡imagínese lo que puede hacer el plato principal! La gran mayoría de nosotros ni siquiera empieza a utilizar el poder que está a disposición nuestra por medio de Cristo.

Los médicos vacilaron antes de llamar al matrimonio Lemke; después de todo, ya tenían casi cincuenta años. ¿Era correcto pedirles que se hicieran cargo de un bebé? Pero nadie más lo quería, de manera que llamaron a la pareja. "¿Podrían ayudarnos?"; rogaron los médicos. "Tenemos aquí un niño que necesita un hogar. Es un caso especial. Tuvimos que sacarle los ojos debido a una infección, tiene un severo retardo mental, parálisis cerebral y no esperamos que viva". La señora May Lemke respondió: "Lo aceptamos, pero estén seguros que va a vivir". La fe en Cristo de esta señora le había enseñado a no limitar a Jesús.

El pequeño Leslie, no se movía, ni lloraba, ni siquiera comía al comienzo; pero la señora May imploraba: "Señor, has hecho milagros antes; haz uno ahora para mí y este niño. Haz que viva". Increíblemente, Leslie no murió, pero sin señales de mejoría. Después de diez años, el doctor que los Lemke tenían les dijo que la medicina había hecho todo lo posible por el niño, que éste nunca iba a aprender a hacer algo por sí mismo y que era hora de internarlo en alguna institución especializada. La señora Lemke no se rindió bajo las presiones de los médicos sino que siguió creyendo en Dios y Su milagro.

Entonces, un día, Leslie movió un brazo, por primera vez, lo cual era todo un milagro. La señora May agradeció a Dios por el mismo: "¡Gracias, Señor! Pero no pienses que esto es todo lo que te pido, Leslie tiene que caminar". Pasaron los años, mientras los Lemke trabajaban a diario con Leslie, hora tras hora. Leslie progresaba lenta, pero firmemente, debido, principalmente, al amor y atención que recibía de sus padres adoptivos. La profunda y constante fe en Cristo de los Lemke les ayudaba a ver esperanza donde todos los demás veían la desesperanza. A Leslie le encantaba la música y respondía a ella con entusiasmo, de modo que los Lemke compraron un piano que colocaron en el dormitorio del niño. La señora May se sentaba durante horas con Leslie, tocando y cantando para él, esperando que él aprendiera a hablar por medio de la música.

Una noche, después que los Lemke se habían ido a dormir, escucharon música que venía del piso de abajo. Como ellos habían estado escuchando un concierto de piano en la televisión antes de acostarse, May preguntó a su esposo si había dejado encendido el televisor. Él replicó, rascándose la cabeza: "No, lo apagué". La señora Lemke contestó, atónita: "Entonces, en el nombre del cielo, ¿de dónde viene esa música?" Cuando bajaron se encontraron con que Leslie estaba tocando lo mismo que habían escuchado en el concierto por televisión; era la primera vez que ellos oían ese concierto, se trataba del Concierto No. 1 para piano de Tchaikovsky, que su niño, severamente retardado, interpretaba casi a la perfección, aunque hasta ese momento apenas si había hecho algo por sí mismo. Ella cayó al suelo exclamando: "¡Lo hiciste, lo hiciste! Gracias, Dios, por mi milagro". Se encontró que Leslie poseía un raro don para la música; podía tocar todo lo que oía. Efectuó notables progresos y aprendió a hablar y cantar por medio de la música. Un día le preguntaron: "¿Qué significa la música para ti?" Él respondió: "Amor"; luego, le preguntaron: "Leslie, ¿qué es el amor?"; y él se volvió a su piano y cantó: "Maravillosa gracia, cuán dulce el sonido que salvó a un infeliz como yo. Estuve perdido, pero ahora soy encontrado, estuve ciego pero ahora veo".

Los esposos Lemke, gente común de extraordinaria fe, que descansaron en los ilimitados recursos y poder de Cristo cuando todos trataban de decirles cuáles eran sus limitaciones.

6

Nuestra indignidad

El sonrió paternalmente a su pasajero, mientras navegaban hacia aguas profundas, musitando para sí: "¡Espero que este predicador aprecie el esfuerzo que realizo por él! ¿Quién sabe? Quizá un día él alcance renombre y me recuerde. Quizá, también, Dios mire con agrado esta obra y esta noche yo pesque algo. Después de todo, trato de ayudar al prójimo cuando puedo. Trabajo fuerte para mi familia. Considerando todo esto, diría que soy un tipo bastante bueno".

"¿Echar las redes *aquí*? Bueno, creo que le daré el gusto por esta vez", rezongó Pedro, mirando a su huésped, que se le había impuesto. Y pensó: "Diría que ya he hecho bastante por este marinero de agua dulce de Galilea dejándolo usar mi barca como púlpito. Pero no, tuve que traerlo a pescar en aguas profundas a mediodía, donde todos sabemos, menos este profeta, que no hay peces. Traté de decirle que no pescamos nada anoche. Bueno, echaré las redes por un par de minutos, eso lo dejará contento. Luego, de vuelta a casa para almorzar".

Las cosas no salieron como Pedro las planeó ese día. Él pescó tanto como nunca antes y salió de su barca siendo un hombre diferente. No fue la gran captura de peces lo que cambió a Pedro sino el darse cuenta que estaba en presencia del Hijo de Dios. Pedro captó la verdad acerca de sí mismo y de Cristo en ese momento. Se sintió abrumado por el sentido de su propia indignidad, que todas sus buenas obras eran absolutamente insignificantes en presencia de Jesús y exclamó: "Apártate de mí, Señor, porque soy hombre pecador" (Lucas 5:8).

Este signo vital de la fe, el sentido de la propia indignidad, también se manfiesta en la gran fe del centurión. El centurión dice ser indigno de acudir a Jesús, de modo que manda emisarios y prosigue manifestando: "No soy digno de que entres bajo mi techo" (Lucas 7:6).

La incredulidad de los fariseos es evidente en que ellos no sentían su indignidad en presencia de Cristo. Al contrario del centurión, estaban constantemente yendo a ver a Jesús y solían tenerlo de huésped en sus casas. El problema para ellos era probar la dignidad de Cristo. Contrastando con la actitud del centurión, retratada en el pasaje recién citado, tenemos en apenas treinta versículos después, en Lucas 7:36, el relato del fariseo que invita a Jesús para cenar con Él. Imagínese usted lo que le preguntaron los vecinos a este fariseo al día siguiente de la comida.

¡Linda fiesta la que ofreciste anoche! ¿Qué se celebraba? El fariseo contesta: "Oh, simplemente invité al tal Jesús a comer; les contaré que nunca más lo volveré a invitar. El individuo no sabe cómo comportarse con gente educada. Primero, dejó que una mujer inmunda lo tocara y le dijo que sus pecados eran perdonados ¡Qué blasfemia! Luego, me insultó, a mí y a mis invitados, al dejar entrever que nosotros éramos los que teníamos el problema ¿Quién se cree que es? ¿No sabría en la casa de quién estaba?"

Todo el acercamiento de los fariseos a Dios era malo porque empezaban con la premisa de que uno podía ser digno basado en quién era y lo que hacía. Encontramos esta actitud en los dirigentes de la sinagoga que se acercaron a Jesús por cuenta del centurión.

Es digno de que le concedas esto; porque ama a nuestra nación, y nos edificó una sinagoga.

Lucas 7:4-5

Esta actitud de que uno puede hacer mérito con Dios es diametralmente opuesta a lo que enseña la Biblia, pues no requiere fe en Cristo sino mucha fe en uno mismo.

Si el centurión tuvo amigos que presentaron sus necesidades ante Cristo, la cananea tuvo enemigos que la mantenían lejos: los propios discípulos de Jesús, que no se interesaron por su hija "gravemente atormentada por un demonio" (Mateo 15:22). Ellos querían que Jesús se desembarazara de ella (Mateo 15:23).

Las respuestas que Jesús da en este pasaje son algo perturbadoras: "No soy enviado sino a las ovejas perdidas de la casa de Israel" (Mateo 15:24) y "No está bien tomar el pan de los hijos, y echarlo a los perrillos" (versículo 26). Fíjese que no se nos dice de quién habla Jesús o para beneficio de quienes Él dice lo que dice. ¿Realmente Jesús compara a esta mujer con un perro? ¿Esa es Su opinión de los gentiles?

Lo que parece tener más sentido es que Jesús está probando la visión de Sus discípulos. Él los lleva a territorio gentil esperando que vean gente necesitada. Jesús no responde a la cananea sino que la deja clamar una y otra vez: "¡Ten misericordia de mí!" (Mateo 15:22) para ver lo que harían Sus discípulos, que no aprobaron el examen. Fueron sordos a esta mujer y sus necesidades. No pudieron liberarse de su manera farisea de pensar y siguieron creyendo que se es digno o indigno por lo que se es. Esta cananea era para ellos una perra gentil, indigna.

La cananea sabe que es indigna, no objeta cuando Jesús la compara con un perro; no protesta airadamente: "Un momento, no puede decirme eso"; sino que se humilla y dice: "Sí, Señor; pero aun los perrillos comen de las migajas que caen de la mesa de sus amos" (Mateo 15:27).

Ella tenía la ventaja de empezar sin dignidad propia. Su gran fe se pone en evidencia en su indignidad ante Cristo. Lo que habían olvidado sus discípulos es que ellos también eran indignos de Cristo. Jesús les advierte que se cuiden de la doctrina de los fariseos (Mateo 16:12) ¿Podría ser que Jesús estuviera refiriéndose al encuentro de los discípulos con la cananea?

La primera vez que Jesús se dirige a la mujer es en el versículo 28: "Entonces respondiendo Jesús, dijo: Oh, mujer, grande es tu fe; hágase contigo como quieres". Este es el Jesús que habla por Sí mismo. Él habla compasiva y personalmente con ella. No se dirige a la cananea como "perro" sino la interpela como "mujer".

Algunos dicen que sentirse indigno no es saludable, pues es el resultado de una mala imagen de sí mismo o de un complejo de inferioridad. Pero usted no debe confundir nunca el signo vital de la fe genuina que es el sentido de la propia indignidad con la mala imagen de sí mismo. Usted puede estar absolutamente seguro de que el centurión romano no sufría de una mala imagen de sí mismo. Alcanzar el rango de centurión de las legiones romanas, no era una cosa fácil. No se llegaba a centurión carente de confianza en las propias habilidades. El centurión era un paradigma de hombre. Su sentido de indignidad no era el resultado de tener una mala imagen de sí mismo, pero su enfoque no estaba puesto en él sino en Cristo. Él fue un hombre de una gran fe.

El sentido de indignidad que da la fe no es el resultado del continuo cxamen de usted mismo y de sus fracasos por medio de la confesión y penitencia. Suele pasar con mucha frecuencia que esa clase de acercamiento se interpone en el camino de la visión de Dios, que es lo que se necesita más que todo.

Cuando usted ve quién es Cristo es que verdaderamente se ve a sí mismo.

Pablo nos advierte que no tengamos: "Confianza en la carne" (Filipenses 3:3) lo que significa que dejemos de mirarnos a nosotros mismos y a lo que hemos hecho, y que en vez de eso, miremos al Cristo resucitado. Pablo vio todas sus buenas obras tal como eran: "basura", cuando quedaron expuestas a la luz de "la excelencia del conocimiento de Cristo Jesús" (Filipenses 3:8).

¿Cree usted que posee algo que lo hace digno ante el Señor? Su bautismo, ser miembro de una iglesia, cierta experiencia espiritual, la confirmación, los peregrinajes, ayunos o, posiblemente, sus años de servicio? Si es así, aún no ha conocido a Jesús, pues cerca de Cristo todas nuestras obras son solamente trapos sucios.

La manera correcta de entender a Dios puede provenir solamente de estudiar, meditar, orar y adorar Su palabra, tanto en público como en privado. Isaías estaba en el templo cuando vio la santidad de Dios y gritó: "¡Ay de mí! Porque perdido estoy, pues soy hombre de labios inmundos y en medio de un pueblo de labios inmundos habito, porque han visto mis ojos al Rey, el Señor de los ejércitos" (Isaías 6:5, BLA).

Juan tuvo su revelación de la santidad de Dios, cuando estaba en el Espíritu en el día del Señor (Apocalipsis 1:10). La indignidad no es el resultado de la mala imagen que se tiene de uno mismo sino de la clara imagen de nuestro Salvador. Cuando usted conoce a Jesús, el Señor de señores en toda Su santidad, cuando usted ve la gloria del eterno Hijo de Dios, lleno de gracia y verdad, entonces conocerá la irrelevancia de sus propias obras. Y todo lo que podrá hacer es caer postrado ante Él y clamar: "Digno es el Cordero" y arrojar todas sus coronas a Sus pies. Cuando usted escuche Su nombre, ese Nombre que es por sobre todo nombre, entonces conocerá al Único que es digno, y usted se humillará y confesará que Jesucristo es el Señor.

7

La fe que se pone a merced de Cristo

Mi corazón se estremeció cuando escuché la sirena y vi las luces azules que centelleaban en el espejo retrovisor. "Quizá viene detrás de otra persona y me pasará"; pensé, mientras sacaba mi pie del acelerador; pero estaba manejando a demasiada velocidad como para abrigar esas esperanzas. Yo iba acelerando y el policía me agarró con las manos en la masa. Estacioné a un lado del camino, tratando de tranquilizarme en aquellos momentos con mis propios razonamientos: "Yo puedo manejar esto, solamente se trata de una infracción por ir rápido". El policía se acercó a mi automóvil y de manera oficial me pidió la licencia de conducir y los papeles del automóvil. Saqué de inmediato la licencia, pero no logré encontrar los otros documentos por más que rebusqué en la guantera. Le expliqué que el automóvil era de un amigo, que me lo había prestado y que yo no sabía dónde estaban esos papeles. El policía me preguntó entonces si yo sabía por qué me había detenido. Mirándolo directo le repliqué cortésmente: "Sí, señor, iba a una velocidad poco mayor que el límite permitido".

Él se inclinó hacia la ventanilla abierta, poniendo sus manos en la puerta del automóvil con firmeza y dijo: "Hijo, ibas a una velocidad que sobrepasaba mucho más que los límites permitidos; y también demasiado cerca del vehículo delantero y cambiando de pista en forma inadecuada sin señalar el cambio"; todo lo cual constituye conducción imprudente. No tiene el comprobante del seguro ni del registro del automóvil y su licencia está vencida. Si es suspendido, va a la cárcel".

Repentinamente, me impactó la sensación de no estar más dominando la situación. Ya no se trataba tan sólo de una infracción por alta velocidad. No había lugar para dar excusas, ni para largas historias que justificaran por qué iba manejando tan locamente. No podía cuestionar su juicio ni el equipo que estaba usando. Nada tenía para negociar y ninguna influencia para hacer un trato. Hice lo único que pude. Me puse completamente a merced del oficial de policía, admitiendo: "Oficial, usted tiene toda la razón del mundo. Yo iba manejando como un loco. Podría haberme matado o haber dado muerte a otra persona. ¿Qué usted cree que sea lo mejor?"

La mujer cananea demostró un signo vital de la fe al ponerse a merced de Cristo. Ella nada tenía que obligara al Señor respecto de ella. Solamente pudo clamar:

¡Señor, ten misericordia de mí!

Mateo 15:22

Este es el siguiente paso lógico para quienes han visto su completa indignidad a la luz de la dignidad de Cristo. Ponerse a merced de Cristo nunca precede al sentido de la indignidad propia, porque en la medida que uno crea ser digno, tratará de hacer un convenio o negociar con el Salvador. Usted no necesita misericordia si cree que Dios le debe algo; uno quiere lo que cree merecer. Es trágico que el infierno esté repleto de gente que esperaban conseguir lo que pensaban merecer de Dios. Irónicamente, obtuvieron exactamente lo que merece cada uno de nosotros.

María deposita un huevo ante la estatua del santo que estaba en su sala de recibir, al tiempo que quitaba el alimento puesto la noche anterior. Sus rodillas vendadas sangraban y apenas podía arrodillarse, pues acababa de regresar de un peregrinaje a la iglesia del santo, donde se había arrastrado escaleras arriba. Así, María enciende una vela mientras ruega confiadamente por la salud y seguridad de sus hijos, recordando al santo el voto que le ha hecho.

Por todo el mundo la gente religiosa trata de hacer méritos con su dios, igual que María. Efectúan largos peregrinajes a los lugares santos, ayunan, hacen votos y dan dádivas esperando ganarse el favor de Dios con todo eso. Este acercamiento a Dios es religión hecha por el hombre y contraria por completo a lo que Dios quiere de nosotros. Estos dos modos diferentes de acercarse a Dios se aprecian muy bien en la parábola de los dos hombres que fueron a orar al templo. Vemos en la oración del fariseo lo que no es la fe mientras que en la plegaria del cobrador de impuestos vemos el retrato de un hombre que se pone a merced de Dios. El fariseo oraba:

> *Dios, te doy gracias porque no soy como los otros hombres, ladrones, injustos, adúlteros, ni aun como este publicano; ayuno dos veces a la semana, doy diezmos de todo lo que gano.*
>
> Lucas 18:11,12

Mas, en el versículo siguiente leemos:

> *Mas el publicano, estando lejos, no quería ni aun alzar los ojos al cielo, sino que se golpeaba el pecho, diciendo: Dios, sé propicio a mí, pecador.*
>
> Lucas 18:13

¿Cuál de estas dos oraciones encuentra que le viene fácilmente a sus labios? Fíjese en el repetido uso de "yo" en la oración del fariseo. Jesús dice en el versículo 11 que: "El fariseo, puesto en pie, oraba consigo mismo"; ¿podría ser que él fuera el único que escuchaba su oración? ¿A cuál de estos dos hombres se parece más usted? No se apresure a contestar: "Oh, afortunadamente no soy como el fariseo", pues, de lo contrario, sonará tal como él. La respuesta que el cobrador de impuestos daría es que él es más como el fariseo; pues él ve su pecado.

En cada uno de nosotros existe una tendencia profundamente arraigada de justificarnos a nosotros mismos. Rara vez se oye decir: "Estaba equivocado" o "Soy culpable". En vez de ello buscamos maneras de justificar nuestros actos. No queremos estar en la posición de tener que ponernos completamente a merced de otra persona. Pedir misericordia es admitir nuestra debilidad e indefensión. En particular, no queremos estar a la merced de Dios. Pero, ¿qué nos dice eso acerca de nuestro concepto de Dios si tenemos miedo de ponernos en Sus manos y estar a Su merced? Significa que no le conocemos. El fariseo no pide misericordia porque no cree necesitarla. Prefiere conseguir lo que él piensa que merece. Desafortunadamente, lo que espera no es lo que recibirá. En lugar de agradecer a Dios por no ser como el publicano, debiera pedirle a Dios que le ayude a verse como el cobrador de impuestos se ve a sí mismo.

Acabamos de ver en el capítulo anterior que el centurión entendía cómo funciona el poder porque poseía cierta cantidad de poder y autoridad. Ya que Cristo es Dios todo lo que tenía que hacer era decir la palabra y el esclavo del centurión sería sanado. El centurión también entendía cómo tenía que actuar en presencia de la autoridad, especialmente en la presencia de Cristo, que tiene el supremo poder y autoridad por lo que dice:

También yo soy hombre puesto bajo autoridad.

Lucas 7:8

El centurión podría haber mandado a Cristo que fuera y sanara a su esclavo, pues estaba a cargo de todos los que estaban en su ciudad. Podría haber amenazado matar a Cristo si no sanaba a su siervo, pero se dio cuenta que uno no se presenta ante el Señor con una orden. Él no podía obligar a Cristo a que hiciera algo. El centurión entiendió, mejor que muchos, que ponerse a merced de Cristo es la única forma apropiada de actuar en la presencia del Señor. Pilato, que no tenía fe ni entendía quién era Jesús, le dijo en Su juicio:

¿No sabes que tengo autoridad para crucificarte, y que tengo autoridad para soltarte?

Juan 19:10

Quizá pensó que Jesús le iba a reverenciar y rogar piedad, pero Él no lo hizo así, sino que le dijo a Pilato:

Ninguna autoridad tendrías contra mí, si no te fuese dada de arriba.

Juan 19:11

Algo debe haber inquietado a Pilato en ese momento porque el siguiente versículo dice:

Desde entonces procuraba Pilato soltarle.

Juan 9:12

El centurión, al contrario de Pilato, sabía quién poseía el poder real y por eso se pone a merced de Jesús.

Cuando los seres humanos se ponen a merced de otros congéneres, a menudo reciben la misericordia de ellos. Solamente la persona más inhumana retendría la misericordia. El policía que me detuvo me mostró misericordia aunque yo no la merecía y, en lugar de anotar la infracción que me hubiera costado un mes de salario, solamente emitió una infracción menor que exigía que renovara mi licencia de conducir. Nuestro deseo de mostrarnos misericordiosos es uno de los resultados de haber sido creados a imagen de Dios. Si nosotros podemos ser misericordiosos, cuánto más misericordia encontraremos en Dios. Cuando Moisés oró pidiendo a Dios que le mostrara Su gloria (Éxodo 33:18), la primera palabra que usa el Señor para describirse es: misericordioso.

El Señor, el Señor, Dios compasivo y clemente, lento para la ira y abundante en misericordia y verdad.

Exodo 34:6 (BLA)

El salmista llama al pueblo de Dios a adorarlo repetidamente porque Él es misericordioso. El Salmo 100 nos convoca a presentarnos ante el Señor con jubiloso cántico, gozo, acción de gracias y alabanza porque el Señor es misericordioso.

Uno se entera por primera vez de su propia indignidad cuando conoce a Cristo. Cuando usted se somete a Él descubre que Sus misericordias nunca terminan y son suficientes para satisfacer todas sus necesidades. Jesús demostró Su misericordia al centurión y a la cananea al concederles lo que pedían. Que nada le impida ir a Cristo que le está llamando para que usted vaya a Él: "Venid a mí todos los que estáis trabajados y cargados, y yo os haré descansar" (Mateo 11:28).

Una gran fe se pone a merced del Señor no solamente porque sabe que es indigno sino porque sabe algo acerca del

Salvador. La gente de mucha fe sabe que encontrará a un Salvador misericordioso. El autor de Hebreos nos llama a acercarnos confiadamente al trono de gracia:

Para alcanzar misericordia y hallar gracia
para el oportuno socorro.

Hebreos 4:16

8

Reproducción

Los organismos vivos se reproducen. Dios los diseñó y equipó especialmente con el propósito de que se reprodujeran abundantemente. La Biblia nos dice que Dios no solamente creó las plantas y los árboles sino además "hierba que dé semillas" y "árbol de fruto que dé fruto". Cuando Dios creó los peces y las aves les mandó:

Fructificad y multiplicaos.

Génesis 1:22

Cuando Dios creó al hombre a Su imagen les dio la misma orden:

Fructificad y multiplicaos; llenad la tierra...

Génesis 1:28

El proceso de la reproducción es uno de los estudios más interesantes, humorísticos y bellos de los organismos vivos. Parece que Dios creó a cada especie con particular cuidado para asegurar que se reprodujeran. La primavera, con todos sus colores y olores, es la celebración de la reproducción. Las flores y los árboles florecidos con sus deliciosas fragancias atraen a los insectos para que polinicen sus capullos, mientras las aves cantan y se pavonean con su plumaje para cortejar a su pareja. Los insectos zumban y enjambran. Los peces hacen sus lechos y hombres y mujeres enamorados caminan tomados de la mano por el parque. La vida está reproduciéndose constantemente. Una de las diferencias de los objetos animados con los inanimados es que la cosas vivas dan vida a otras de su especie, mientras que así no sucede con las cosas carentes de vida. Por ejemplo, vea los peces que pueden poner miles y miles de huevos para asegurarse que continúe su especie. Por otro lado, las rocas que son objetos inanimados no se multiplican sino que se encuentran por todas partes porque se dividen y escinden, empequeñeciéndose cada vez más.

La reproducción es un signo de vida y también un signo vital de la fe, pues la fe verdadera siempre se reproduce. Si usted quiere saber cómo es la salud espiritual de una iglesia, observe si la iglesia se parece más a un pez o a una roca. ¿Crece la iglesia porque sus miembros se reproducen en hijos espirituales o está disminuyendo a causa de divisiones y escisiones? Las iglesias que cesaron de reproducirse suelen encontrar razones teológicas para explicar su esterilidad e igualan su muerte con la santidad, pero si poseyeran una fe viva habría crecimiento.

Los escribas y los fariseos trataron de reproducirse en otros, pero sus resultados eran cualquier cosa excepto espectaculares. Después de todo, ¿cuántos fariseos conoce usted? Jesús les advierte:

> *¡Ay de vosotros, escribas y fariseos, hipócritas! porque recorréis mar y tierra para hacer un prosélito, y una vez hecho, le hacéis dos veces más hijo del infierno que vosotros.*
>
> Mateo 23:15

Jesús quería decir que ellos se tomaban mucho trabajo para ver escasos resultados. La verdadera fe es diferente.

La fe se reproduce espontánea y naturalmente: Dios la diseñó de esa manera. El mensaje que compartimos está diseñado y autorizado para ser compartido. Pablo lo dice:

Porque (el Evangelio) es poder de Dios para salvación.

Romanos 1:16

El Evangelio es una buena noticia y es fácil contar la buena noticia a los demás. ¿Se puede imaginar al centurión no contándole a alguien acerca de la salud que Jesús había dado a su siervo? Resulta imposible creer que esa noche, después de comer, el centurión se sentara a leer el periódico. Precisamente, puedo ver a su esposa tratando de conversar con él.

"¡Querido, querido!; ¿quieres dejar a un lado ese periódico y contarme cómo te fue hoy?"

"¿Ah?; ¡oh, lo lamento amor¡, musitó el centurión. ¡Estaba poniéndome al día en los deportes! Oye, ¡esos leones son algo serio! ¿Qué querías saber? "Ah, sí, cómo me fue hoy"; y mirando aun el periódico, bosteza: "Mira, tú sabes, como siempre, las mismas cosas de siempre que hace un centurión: pasar revista a las tropas, mandar los informes a Pilato, juzgar unos cuantos casos..., Capernaum es una pequeña ciudad soñolienta, no pasa gran cosa aquí. Ah, y mi esclavo ¿sabes?, ¿ése que estaba muriendo? Hoy fue sanado por Jesús".

En cuanto el esclavo estuvo bien, lo que muy probablemente pasó fue que el centurión fue corriendo hacia donde estaba su esposa, la abrazó levantándola en vilo y haciéndola girar en sus brazos gritó: "¡Él está bien! ¡está curado! ¡llama a todos nuestros amigos! ¡Hagamos una fiesta! ¡Tenemos buenas noticias para compartir!".

La mujer cananea debe haber respondido de la misma manera. Conocer a Jesús es una gran noticia y aquellos que lo conocieron quisieron que otros también lo conocieran. Hasta en los casos en que Jesús manifestó que no dijeran a nadie lo que Él había hecho por ellos, aquellos que tuvieron un encuentro con él, no pudieron guardarse el secreto.

Este no es solamente el mensaje que Dios ha diseñado y autorizado para reproducir. Si usted es cristiano, *¡usted mismo¡*, es el mensajero, que ha sido autorizado también! El pasaje de Hechos 1:8 dice que usted ha recibido poder, el poder del Espíritu Santo para ser testigo. Dios le hizo a usted en particular para que comparta Su Evangelio con otros. Él lo ha puesto donde usted está, le ha dado amigos y familiares para que nadie esté mejor situado que usted para compartir el Evangelio con ellos. Usted es el único que puede contar lo que Jesús ha hecho por usted a la gente que mejor lo conoce.

Durante siglos así es cómo se ha reproducido la fe en otras personas: una persona comparte con otra lo que Jesús hizo por ella. Con todos los programas y estrategias para evangelizar, pese a todas las campañas y a tener un mayor alcance que nunca antes, la mejor forma de evangelización y la manera en que la mayoría de la gente llega a conocer al Señor es por medio de un amigo que comparte con un amigo o con un familiar.

Este es el método que usted encuentra funcionando en toda la Biblia. La mujer del pozo, después de conocer a Jesús y convencerse de que Él era el Cristo, corrió a contarle a toda la gente de la aldea, lo que Jesús le dijo a ella:

> *Y muchos de los samaritanos de aquella ciudad creyeron en él por la palabra de la mujer, que daba testimonio*
>
> Juan 4:39

Los apóstoles no podían haberlo hecho con la misma efectividad con que ella lo hizo.

Andrés es mejor conocido por ser el hermano de Pedro, el líder de los Apóstoles. Constantemente era presentado como "el hermano de Pedro". Después de todo, era Pedro el que predicó el sermón que llevó tres mil personas a Cristo en el día de Pentecostés. Puede decirse que Andrés vivió a la sombra del ministerio de su hermano. No fue el evangelista público que fue Pedro, pero no importa cuánta gente llevó Pedro al Señor, su hermano Andrés puede decir que él es responsable por llevar a Cristo a una persona más que Pedro, pues fue Andrés quien llevó a Pedro al Señor. Por lo tanto, Andrés puede reclamar, indirectamente, como resultado de su obra a todo el ministerio de Pedro.

Este halló primero a su hermano Simón, y le dijo: Hemos hallado al Mesías (que traducido es, el Cristo). Y le trajo a Jesús.

Juan 1:41, 42

La fe desea compartir las buenas noticias con los demás, porque nuestro Señor nos lo manda:

Por tanto, id y haced discípulos a todas las naciones

Mateo 28:19

Usted puede dar testimonio de lo que Jesucristo ha hecho por usted sin ninguna preparación, igual que lo hizo la mujer samaritana. Posiblemente no pueda contestar todas las preguntas que le formularán; pero puede hacer lo que hizo el hombre ciego de nacimiento que no sabía cómo responder las preguntas de los fariseos, pero les dijo lo que sabía: "...una cosa sé, que habiendo sido yo ciego, ahora veo" (Juan 9:25).

De la misma manera que Dios le ha diseñado y ordenado reproducir su creación física, de igual modo le ha mandado a reproducir su fe en otros. El crecimiento de la iglesia ha sido, a veces, espectacular y explosivo como en los primeros capítulos de Hechos, donde leemos: Y el Señor añadía cada día a la iglesia los que habían de ser salvos" (2:47). Ha habido épocas de avivamiento donde han sido llevadas a Cristo grandes multitudes; pero también ha habido momentos lentos y tranquilos en la iglesia de Cristo donde los nuevos nacimientos son menos frecuentes y difíciles. Siempre hay crecimiento, independientemente de la situación. Siempre hay nuevo nacimiento donde hay fe.

A los setenta y cinco años de edad, Charlie Hainline está jubilado y, por fin, tiene tiempo para hacer lo que siempre quiso. No, no se dedica a jugar golf o viajar por el país en su casa rodante. Ahora se pasa seis días por semana en la cárcel contándole de Cristo a los reos. Hace tres años, cuando cesó de contar, llevaba mil ochocientas noventa y siete personas conducidas a Cristo. Charlie dejó de contar el número de profesiones de fe en Cristo porque, como dice él: "De esta forma Dios se lleva toda la gloria y, además, la evangelización apenas es el uno por ciento de la tarea pues el discipulado constituye el noventa y nueve por ciento de la misma". Cuando conversé con Charlie me dijo que había ayudado a siete hombres a profesar su fe en Cristo ese mismo día, pero más temprano.

Charlie no es un predicador ni un maestro de la Biblia, nunca asistió a una universidad ni seminario de la Biblia. Él estaba en el negocio de toldos en Ft. Lauderdale, una ciudad del estado de la Florida hasta que se acogió a su jubilación; pero, decididamente, es un evangelista. Durante cuarenta y un años ha estado visitando las cárceles para hablar de Cristo a los reos. Le está pidiendo al Señor que le dé cincuenta años de servicio en la obra de las cárceles. Charlie nunca ha recibido ni ha querido un centavo por su trabajo. Charlie aceptó a Cristo como su Salvador el día 12 de mayo de 1940 a las tres de la tarde en la YMCA de la capital del estado de Kentucky, justo antes de partir a la guerra. Lo que más le impactó fue que Jesús lo aceptara después de veinticinco años en que él estuvo dándole la espalda al Señor. "El amor del Señor derritió mi corazón y sólo quise compartir el amor de Cristo con todos"; dice con amor.

La primera vez que compartió el Evangelio con otra persona, dice él: "Estaba realmente nervioso, todo lo que pude hacer fue ponerme a llorar cada vez que mencionaba a Jesús". Piensa que hubo más gente que fue al Señor en aquellos días a través de sus lágrimas que de sus palabras.

Las cosas cambiaron realmente para él cuando empezó a aprender de memoria y a clamar las promesas de Dios. Cuenta que: Lo primero que hago en la mañana, cuando me levanto, es pedir" (Lucas 11:13); y memoriza la cita del pasaje, porque ha aprendido de memoria muchas de las promesas de Dios:

"¿Cuánto más vuestro Padre celestial dará el Espíritu Santo a los que se lo pidan?"

Charlie cree en la importancia de la oración y en que haya gente que ore a diario por él. Tiene un grupo de unas cincuenta a sesenta personas por las cuales ora diariamente y que piden por él. También intercambia cada semana metas de peticiones con sus compañeros de oración. "Es difícil de creer el poder de Dios que se libera en su vida cuando la gente ora por usted"; dice entusiasmado.

Charlie ha participado durante los últimos veintiséis años en el programa del Evangelismo Explosivo de la iglesia presbiteriana de Coral Ridge, de la cual es miembro. Tres veces por semana Charlie sale con dos personas que se están preparando en dicho programa para enseñarles cómo compartir su fe. Comenta que la evangelización ha llegado a ser un estilo de vida para él. Algunas de las personas que ha llevado al Señor son, ahora, predicadores, misioneros y diáconos de su iglesia.

Este laico común, hombre de una gran fe, porque conoce y pide las promesas de Dios diariamente en su vida, ha visto a mil ochocientas noventa y siete personas hacer profesión de fe con él. Esto es más de lo que la mayoría de los misioneros y pastores ven en toda la vida. ¡Cuánta fe para confiar en que Dios va a usarle a usted en las vidas de casi dos mil personas! Si el relato terminara aquí, como me pareció antes de conversar con Charlie, sería ya suficientemente increíble; pero lo que he sabido desde entonces me ha humillado y asombrado verdaderamente.

Esas mil ochocientas noventa y siete profesiones de fe, de las que me contó Charlie, no suman el total de su vida sino sólo una parte del año 1988, cuando dejó de llevar la cuenta. Charlie vio profesar su fe en Cristo a casi dos mil personas por año, en los tres años anteriores a 1988. Cinco o diez años antes, Charlie tenía puesta su fe en Dios en que mil quinientas personas harían profesión de fe cada año y vio que esa meta se cumplía y se sobrepasaba cada año. Sin embargo, Charlie no llevó las cuentas para vanagloriarse; es un humilde y manso siervo del Señor que continuamente pone metas ante Dios y pide Sus promesas.

Segunda Parte:

El crecimiento que acompaña a la fe en Cristo

Nuestra primera hija, Kimberley, nació con el cordón umbilical enrollado dos veces alrededor de su diminuto cuello. Después de desenrollarlo, el médico verificó sus signos vitales para cerciorarse que ella estaba sana. Gracias a Dios, no había daño. Entonces la enfermera la pesó y la midió y, después que todo había sido registrado, nos entregaron a nuestra pequeña Kimberley.

Cada vez que llevábamos a la niña al médico, éste examinaba sus signos vitales, luego la pesaba y medía. Todos esos datos eran registrados en una ficha. El doctor nos mostraba la ficha de Kimberley y, por la oscura línea roja que había trazada podíamos decir que nuestra niña superaba el promedio de peso y estatura. (Esa información es muy importante para que los padres primerizos se la den a los abuelos). El médico siempre concluía la consulta diciendo que nuestra hija estaba muy bien. Todos sus signos vitales eran normales y su crecimiento era excelente. Después de Kimberley tuvimos otras dos hijas, Katie y Elizabeth, con las cuales se siguió la misma rutina. La salud del bebé es determinada por el examen de dos criterios: el apropiado funcionamiento de los signos vitales y el crecimiento del bebé medido y comparado con el patrón ideal o normal.

Podemos efectuar una comparación similar con la vida cristiana. No basta con que los signos vitales de la fe estén presentes en su vida; sino que también debe haber crecimiento. Incluso existe alguien que puede medir nuestro crecimiento en la vida cristiana, ese alguien es el Señor Jesucristo.

El centurión romano y la mujer cananea empezaron muy bien en sus vidas cristianas, pero no sabemos como terminaron. Hay tres semillas mencionadas en la parábola del sembrador que empezaron muy bien, pero solamente una termina bien (Mateo 13:3-9).

He aquí, entonces, algunos aspectos en que usted debería crecer en su vida con Cristo.

9

Amor

Carol era la madre perfecta, a juzgar por todas las apariencias. Deseaba desesperadamente tener otro hijo. Todos sabían lo altruista y generosa que era y decían: "Nadie ama a sus hijos más que Carol, que tiene bastante amor para una docena de niños".

Bob era el admirador más grande de su hijo. Si el muchacho jugaba, ahí estaba su padre, que no ahorraba gastos para estar seguro de que su hijo tuviera todas las ventajas para triunfar. La gente solía comentar cuán afortunado era el hijo de Bob por tener un padre que lo amaba tanto.

Frank era un buen soldado. Estaba considerado todo un héroe porque se abalanzó sobre una granada para salvar las vidas de sus compañeros. El pastor leyó Juan 15:13 en su funeral: "Nadie tiene mayor amor que este, que uno ponga su vida por sus amigos".

Douglas estaba locamente enamorado de Lisa, cuyas amigas estaban, todas, muy celosas porque ella tenía un hombre que la adoraba; pero Lisa no estaba segura de sus sentimientos por él. Douglas la llamaba o visitaba a diario. Le enviaba flores y compraba regalos caros. Nada había que él no hiciera por la mujer que amaba.

Con ejemplos como estos es difícil aceptar el comentario de Pablo acerca de la naturaleza humana:

> *Todos se desviaron, a una se hicieron inútiles; no hay quien haga lo bueno, no hay ni siquiera uno.*
>
> Romanos 3:12

Pero lo que vemos en la superficie dista muchísimo de la realidad de nuestros corazones.

La verdad acerca de Carol es que ella tuvo que concentrar toda su atención en sus hijos porque su matrimonio era muy solitario; su marido era adicto al trabajo y no tenía tiempo para ella ni los niños. Al acercarse sus cuarenta años, ella empezó a preocuparse por el envejecimiento y, al tener otro hijo, podía mostrar a los demás que no había pasado la edad de tener hijos. No era el amor lo que hacía de Carol la "madre perfecta" sino el deseo de satisfacer sus propias necesidades. Bob no era el admirador más grande de su hijo sino el admirador más grande de sí mismo. Él amaba la atención que despertaba por ser el padre de tan buen atleta. El sueño de Bob de convertirse en un atleta profesional le había sido negado por una lesión. Ahora tenía la oportunidad de realizar su sueño, indirectamente, por medio de su hijo. Nadie sabía la verdad acerca de Frank. Él era un cobarde, no un héroe. No estaba buscando la manera de salvar las vidas de sus amigos sino una manera de suicidarse. La granada de aquel escondrijo le dio la oportunidad. Ni siquiera en su muerte pudo alguien saber la verdad de Frank, porque su acto suicida fue un engaño.

Lisa se dejó persuadir oportunamente por el galanteo de Douglas y se entregó en una noche de pasión a ese hombre que había ganado su corazón. Durante un tiempo su relación tuvo todas las cualidades de un romance novelesco; pero pronto empezó a desvanecerse el interés del joven por Lisa. Un día él le dijo que ya no la amaba más y que había encontrado a otra. Lisa no pudo entender cómo alguien tan enamorado de ella ahora no se interesaba más. ¿Estuvo Douglas enamorado alguna vez de Lisa? o ¿estuvo enamorado del sentimiento que ella le entregaba? ¿Quizá Douglas estuvo enamorado del desafío que le representaba Lisa? La necesidad que lo impelía hacia ella no era amor sino lujuria. No era generosidad sino manipulación escondida lo que había tras los regalos que le hacía a Lisa, pues él daba para obtener algo a cambio.

Cada uno de nosotros sufre en dos formas cuando se trata de amor. Amamos erróneamente y amamos las cosas malas. Esto no significa que seamos absolutamente incapaces de amar. Los ejemplos antes citados de cómo el hombre distorsiona sus verdaderas motivaciones ilustran el problema que cada uno de nosotros tiene en diferente grado. El profeta Jeremías tenía toda la razón cuando escribió:

Engañoso es el corazón más que todas las cosas,
y perverso; ¿quién lo conocerá?

Jeremías 17:9

El hombre librado a sí mismo nunca puede mejorar la manera en que ama porque aprendemos a amar a través del modelo de amor que nos muestran. Los niños que sufrieron malos tratos cuando crecían, serán padres que, muy probablemente, maltratarán a sus propios hijos. Si vamos a cumplir el mandamiento bíblico de amar al Señor nuestro Dios con todo nuestro corazón, y con toda nuestra alma y con toda nuestra fuerza y con toda nuestra mente; y a nuestro prójimo como a nosotros mismos (Lucas 10:27), debemos experimentar el amor verdadero.

Dios es la fuente de ese amor, y nos ha demostrado Su amor por la muerte de Su Hijo en la cruz. Para conocer el amor verdadero hay que detenerse ante la cruz y ver allí al Señor clavado en el lugar que nos corresponde. Usted se da cuenta en la cruz que Dios lo ama y siente por primera vez el amor sin manipulación ni egoísmo. Hay algo maravilloso y purificador en este encuentro con Cristo. Usted puede ser, por primera vez, honesto con Dios porque Su amor es incondicional. Puede confesarle sus pecados sin temor a ser rechazado por Él y empieza a amarlo cuando lo conoce y siente Su amor. Juan dice:

Nosotros le amamos a él, porque
él nos amó primero.

1 Juan 4:19

Vaya a la cruz si tiene problemas para amar a Dios; medite en la muerte de Cristo, tenga comunión con Él y deje que Él lo ame. Usted verá en la cruz que su pecado es cubierto por la sangre de Cristo. Se dará cuenta cuánto Dios le ha perdonado y se volverá real en su vida eso que dijo Jesús:

Sus muchos pecados le son perdonados,
porque amó mucho.

Lucas 7:47

Al volvernos cristianos no cambiamos inmediatamente nuestra manera egocéntrica de amar. Por ejemplo, el amor egocéntrico ama a Dios por lo que Él ha hecho por nosotros. El crecimiento que acompaña a una vida de fe dice, junto con Job:

Aunque él me matare, en él esperaré.

Job 13:15

La única forma de salir del amor egocéntrico es conocer íntimamente a Cristo. Mientras más tiempo pasemos con Él, más seremos como Él. Lo mismo sucede en el matrimonio en que los cónyuges tienden a parecerse mientras más dura el matrimonio. Algunos empiezan a pensar, hablar y hasta lucir parecidos. Puedo ver que esto nos ocurre a mi esposa y a mí. Mientras más tiempo amamos a Dios más nos volvemos como Él aprendiendo a amar las cosas que Él ama. Empezaremos a tener un amor por la rectitud y la santidad. Por esto dice Jesús:

Si me amáis, guardad mis mandamientos.

Juan 14:15

Cuando usted ama a alguien, nada le complace más que agradar al amado.

Juan escribe que este proceso de irse volviendo como Cristo quedará completo cuando veamos a Jesús, ya sea al morir nosotros o cuando Él regrese.

Amados, ahora somos hijos de Dios, y aún no se ha manifestado lo que hemos de ser; pero sabemos que cuando él se manifieste, seremos semejantes a él, porque le veremos tal como él es.

1 Juan 3:2

Lo principal es que mientras más le conozcamos más seremos como Él.

Cuando amamos correctamente a Dios experimentamos cambios respecto a lo que amamos y en la forma que lo hacemos; la parte más importante de esta ecuación es que amamos a Dios por encima de todo lo demás. Si no amamos a Dios sobre todas las cosas, volveremos algún día a nuestro antiguo amor. Pedro volvió a su antigua vida de pescador después de la crucifixión de Cristo. Él se dio cuenta de que no sería fácil seguir a Jesús, quien se apareció a Sus discípulos mientras estos pescaban y les dio esa milagrosa pesca: exactamente ciento cincuenta y tres peces grandes. Recuerde que esta fue la segunda gran captura de peces para Pedro. La fe nació en él en la primera redada grande de peces. Pedro exhibió todos los signos vitales de la fe, pero fue en la segunda gran redada de peces que el Salvador midió el crecimiento en fe de Pedro al preguntarle: "¿Me amas más que éstos?" (Juan 21:15). En otras palabras, Jesús le preguntaba: "¿Pedro, son estos peces que pronto se pudrirán, lo que más amas en la vida? Míralos bien a ellos y a todo lo que representan. ¿Vivir para pescarlos es más importante que vivir para Mí? ¿Me amas a Mí o amas estos peces?" Pedro respondió: "Sí, Señor, Tú sabes que te amo". Jesús replicó: "Entonces ocúpate en hacer la tarea que te he dado para que ejecutes".

Jesús le formula a usted esa misma pregunta ahora: ¿Lo ama usted más a Él que a los demás "amores" de su vida? ¿Se pasa usted el tiempo sirviendo a sus otros amores o sirviendo a Cristo? Jesús dice:

> *Ninguno puede servir a dos señores; porque o aborrecerá al uno y amará al otro, o estimará al uno y menospreciará al otro. No podéis servir a Dios y a las riquezas.*
>
> Mateo 6:24

Igual que al abotonarse la camisa usted debe poner el primer botón en el ojal respectivo y, una vez que el primer botón esté ubicado, probablemente todos los demás queden en sus respectivos ojales. Cuando amamos a Dios primeramente y por sobre todo lo demás, las demás esferas de nuestra vida deben ubicarse correctamente. Por primera vez, usted será capaz de amarse a sí mismo. Usted debe amarse y aceptarse a sí mismo, pues, de lo contrario, no puede amar ni aceptar a su prójimo. La Biblia nos manda amar al prójimo como nos amamos a nosotros mismos (Levítico 19:18). Los problemas que tenemos en relación con otros, suelen provenir de que nos relacionamos muy mal con nosotros mismos. Que Cristo nos acepte nos facilita aceptarnos a nosotros mismos. Este concepto no se basa en un concepto falso de quien somos sino en la verdad.

Además, hallaremos que empezamos a amar al pueblo de Dios, nuestros hermanos y hermanas en Cristo. Procuraremos tener comunión con ellos y querremos estar adorando a Dios junto con Su pueblo. El amor de Cristo une a los creyentes entre sí. Podemos empezar a amar a toda la gente con el amor de Cristo: a nuestros padres, cónyuges e hijos. Podemos amar a nuestro prójimo, jefe y empleados. Podemos amar a personas de otras religiones y razas. Podemos amarlos de la manera correcta; sin manipularlos ni usarlos sino anteponiendo sus intereses a los nuestros. Cristo ha hecho esto por nosotros, como lo señala Pablo en Filipenses 2:5, al exhortarnos a tener la misma actitud que Cristo.

Cuando amamos a todas las personas todavía no amamos como Cristo amó, pues la suprema expresión de amor es amar a los enemigos; hacer el bien a quienes procuran dañarnos. Jesús nos amó de esa manera y la Biblia lo dice así:

Porque si siendo enemigos, fuimos reconciliados con Dios por la muerte de su Hijo.

Romanos 5:10

La suprema expresión de amor se manifiesta cuando Dios descendió, vivió con los hombres y murió por aquellos que vivían por todo lo que a Él le repugnaba. Leemos en la Biblia que esta es la manera en que Dios nos amó:

Mas Dios muestra su amor para con nosotros, en que siendo aún pecadores, Cristo murió por nosotros.

Romanos 5:8

Encontramos la más excelsa expresión de amor en Cristo crucificado que ruega a Su Padre perdonar a quienes lo pusieron ahí. Tenemos diariamente la oportunidad de amar a la gente en la forma en que Cristo nos amó, pues cada día la gente dirá o hará algo que nos ofende o hiere. Podemos devolver bendiciones por maldiciones, amabilidad por odio, bondad por maldad. Cada día habrá oportunidades para poner la otra mejilla. A menudo, la gente más cercana a nosotros nos herirá más y esto nos da la oportunidad de mostrarles amor sin manipulación. Los cristianos pueden amar a su prójimo como Cristo porque no estamos sencillamente imitando a Cristo sino que el mismo Espíritu que llenó a Cristo nos llena también dándonos poder para ser como nuestro Salvador. Cada uno de nosotros tendrá diferentes problemas al tratar de amar como Dios nos amó, pero tenemos toda una vida para sentarnos a los pies del Maestro y aprender de Él que nos ha dado al Espíritu Santo para que nos ayude en nuestras debilidades. Tenemos los sacramentos que nos muestran lo que significa la muerte de Cristo y la iglesia que nos ejemplifica el amor de Cristo. Generalmente, cuando los cristianos son modelos del amor de Cristo, es que los incrédulos se sienten atraídos por el amor de nuestro Salvador, pues las vidas son transformadas cuando amamos como el Salvador.

Nicky Cruz no tenía idea de lo que era el amor. Creció en las pandillas callejeras y era un joven malo y violento. Un día apareció en su territorio un predicador que le dijo a Nicky que estaba allí para contarle cuánto lo amaba Dios. Nicky ignoró primeramente al predicador pero éste no lo dejó tranquilo. Por fin, logró arrinconar a Nicky en un callejón y le volvió a hablar del amor de Dios. Nicky sacó su cuchillo a relucir sosteniéndolo contra la garganta del predicador mientras le gritaba: "¡Oye, hombre, si no dejas de hablarme de cuánto me ama Dios voy a cortarte en mil pedazos!".

El predicador miró a Nicky y replicó serenamente: "Sé que puedes cortarme en mil pedazos, pero si lo haces, cada uno de esos pedazos te gritará que Dios te ama".

Dave Wilkerson encarnó el amor de Cristo y, en su momento oportuno, las vidas de Nicky Cruz y de centenares de otras personas fueron transformadas porque un hombre se atrevió a amar.

10

Gozo

¡Me encantan los parques de diversiones! Me entusiasman todos los entretenimientos que impliquen moverse rápido y que asusten; lo que prefiero son las montañas rusas. Un día unos amigos y yo fuimos a un parque de diversiones y, para sorpresa nuestra, no había filas de personas esperando; o sea, el sueño de un adicto a la diversión convertido en realidad. Montamos repetidamente en la montaña rusa, ¡fue grandioso! Me agradaba la emoción de precipitarnos en la primera bajada brusca, con el estómago en la garganta; el viento golpeándonos las caras y las manos al aire. Podríamos habernos quedado en ese juego todo el día salvo que, luego de diez vueltas, nos enfermamos literalmente.

El hombre tiene el mismo problema con el gozo que con el amor: no sabemos qué es el gozo verdadero y buscamos equivocadamente el gozo en las cosas malas. El hombre ha reemplazado el gozo con la felicidad, pues esta última puede obtenerse rápidamente, pero no nos satisface. Resulta irónico que vivamos en una época en que la gente tiene más tiempo y dinero que nunca antes para ir en pos de la felicidad y, sin embargo, que la depresión y la tristeza sean epidémicas. La felicidad es lo que uno siente en la montaña rusa; un gran sentimiento pero cuyo problema radica en que dura poco, al igual que el recorrido de la montaña rusa. Para volver a sentirla tiene que volver a obtenerla. Es trágico decir que hay personas que andan a la caza del placer con sustancias químicas (alcohol, drogas) y no transcurre mucho tiempo para que aquello que les trajo felicidad los vuelva infelices y enfermos. Hasta les quitará la vida si no consiguen ayuda. La Biblia alude a la felicidad que proviene del pecado como a "los deleites temporales del pecado", pues nunca dura mucho. Desafortunadamente, hay muchas personas que usan a Dios como si fuera una montaña rusa para hacerlos felices. Estas personas no se quedan mucho tiempo en la iglesia porque, en el momento oportuno, su "recorrido religioso" deja de hacerlos felices y allá se van en pos de alguna nueva fuente de felicidad. Debemos ser sumamente cuidadosos cuando compartimos el Evangelio, para no usar esa tendencia a la felicidad que tiene el hombre como razón para que se vuelvan cristianos. Si lo hacemos así, estaríamos prometiendo cosas que Dios nunca se comprometió a entregar. Uno sigue a Cristo porque Él es la Verdad, el Hijo de Dios. La gente llega a Cristo de muchas maneras diferentes y en diversas circunstancias, pero siempre hay gozo en el corazón del nuevo creyente aunque sus ojos estén llenos de lágrimas. Este gozo es el resultado de tener perdonados nuestros pecados y de ser llevado nuevamente a la apropiada relación con Dios. A medida que vamos andando con Cristo y Su pueblo, nuestros deseos y motivaciones deben cambiar. Ir en pos de Dios debe ser nuestra primerísima prioridad y ya no más la felicidad. Cuando hacemos de la búsqueda de Dios y Su santidad, la prioridad en nuestra vida, experimentamos el gozo como una consecuencia de nuestra relación con Él. Nuestras vidas deben empezar a distinguirse por el gozo, debido a la clase de Dios a quien servimos. El Salmo 100 llama a todo el pueblo de Dios a venir ante Él con gozo y alegría porquc Dios es bueno. Podemos regocijarnos en todas las bendiciones que Dios nos ha dado. ¿Qué usted cree estamos diciéndole al mundo acerca de nuestro Dios cuando Le adoramos con expresiones amargas y cánticos sin entusiasmo? ¿Se van los incrédulos del servicio sabiendo cuán bueno es Dios?

A medida que crecemos en Cristo, la fuente de nuestro gozo debiera cambiar desde lo que hace Dios por nosotros al regocijo en Dios mismo. Esto es lo que Pablo quiere decir cuando le escribe a los filipenses:

Regocijaos en el Señor siempre.

Filipenses 4:4

Si hacemos de Dios la única fuente de nuestro gozo, nos será posible regocijarnos en medio de las cambiantes circunstancias, porque lo hacemos, en realidad, en un Dios que nunca cambia. Dios siempre sigue siendo el mismo. Podemos contar con Su amor aun en los momentos de sufrimiento. Que nos regocijemos siempre aun en medio del sufrimiento, no significa que no lloremos nunca ni nos lamentemos; tampoco significa que tenemos que andar con una gran sonrisa en nuestra cara diciendo: "Gloria a Dios". Jesús lloró, y nosotros tenemos buenas razones para llorar, pues el mundo en que vivimos está pleno de maldad, sufrimiento y dolores muy reales.

Algunos dicen que debemos poder regocijarnos en el sufrimiento porque sabemos que Dios está "haciendo todas las cosas para bien" (Romanos 8:28). Es cierto que Dios obra para bien por medio de todas las cosas, pero le restamos importancia al sufrimiento y a la obra que Dios está haciendo, cuando decimos a aquellos que están experimentando una tragedia lo que Dios hará en sus vidas por medio del sufrimiento. La Biblia no nos manda interpretar lo que Dios obra en las vidas de quienes sufren; sencillamente nos manda llorar con ellos (Romanos 12:15). Al llorar con quienes lloran representamos a Cristo en un mundo sufriente, porque Cristo llora con cada uno de nosotros en épocas de problemas.

Los Moore llevaban apenas un par de años en su casa nueva cuando ésta se incendió; el fuego actuó tan rápidamente que tuvieron suerte de escapar vivos. El pastor de ellos, que vivía cerca, calle abajo, se precipitó a ver si podía ayudar. Encontró llorando a la familia de pie en el jardín. No sabiendo que otra cosa hacer, el pastor hizo lo único que podía cuando vio a sus amigos: los abrazó y lloró con ellos. Ese acto hizo que Cristo fuera real para esa familia, más que los años de prédicas que habían escuchado. El crecimiento asociado a la vida de fe pone al descubierto que en cada tragedia hay un amante Padre celestial con nosotros. El gozo viene no del sufrimiento ni de lo que Dios hace en nuestras vidas como resultado del dolor, sino de ser con el Padre.

Nuestra hija de apenas año y medio de edad se fracturó un brazo en nuestro primer año en el campo misionero. La llevamos de prisa al hospital, sin saber mucho francés. La niña se puso a gritar y llorar cuando los médicos se la llevaron. Nosotros también lloramos porque no podíamos estar con ella. Después de hacer las radiografías, los médicos nos llevaron a la sala donde le arreglaron el bracito. Ella alzó sus ojos, nos miró a través de sus lágrimas y sonrió, no porque le hubiera dejado de doler el brazo ni porque entendiera que todo esto era para su bien, sino porque sabía que estábamos cerca y que la amábamos. El Salmo nos dice:

Cercano está Jehová a los quebrantados de corazón; y salva a los contritos de espíritu.

Salmo 34:18

Nosotros también podemos alzar la vista y sonreír porque el Padre está con nosotros.

El crecimiento asociado a la vida de fe no se regocija en las circunstancias favorables, sino que las acepta felizmente, sin regocijarse tampoco en lo que Dios hace por ellos, sino en Dios mismo.

Habacuc no tenía que ser un profeta para saber que Israel se hallaba en serios aprietos cuando escuchó que se acercaba el ejército caldeo. Habacuc hizo lo que la mayoría de nosotros hubiera hecho en tales circunstancias: tuvo una crisis de fe. Habacuc no podía entender lo que Dios estaba haciendo. Cuestionó a Dios y quería saber cómo Él usaría a los malvados caldeos para castigar a Su propio pueblo.

No debemos asustarnos de las crisis de fe ni de las etapas de cuestionamiento sincero, porque es a través de momentos como estos, que ocurre el crecimiento en nuestras vidas, así como sucedió en la vida de Habacuc, que por medio de esa crisis de fe y de la difícil situación que tuvo que enfrentar, halló la fuente del gozo verdadera. Su gozo no estaba en las circunstancias de su vida, ni en las bendiciones otorgadas por Dios, sino en Dios mismo. Usted puede decir con Habacuc:

> *Aunque la higuera no eche brotes, ni haya fruto en las viñas; aunque falte el producto del olivo, y los campos no produzcan alimento; aunque falten las ovejas del aprisco, y no haya vacas en los establos, con todo yo me alegraré en el Señor, me regocijaré en el Dios de mi salvación.*
>
> Habacuc 3:17-18 (BLA)

Hay otra clase de gozo que viene de servir a un Dios como el nuestro. Encontramos el gozo de servir en la vida de nuestro Señor. En Hebreos 12:2:

> *El cual por el gozo puesto delante de él sufrió la cruz, menospreciando el oprobio, y se sentó a la diestra del trono de Dios.*
>
> Hebreos 12:2

El gozo no vino para Cristo de sufrir en la cruz ni de las bendiciones de retomar Su lugar a la diestra del Padre. El gozo de Cristo era hacer la voluntad de Su Padre. Cuando nuestro gozo se fundamente únicamente en Dios y en servirlo, también seremos capaces de sobrellevar con gozo lo que nos suceda en esta vida.

La llamábamos María Sunshine; era, sin duda, una de las personas más gozosas que he conocido. Los jóvenes de la iglesia la visitaban casi todos los domingos. Se suponía que nosotros teníamos que infundirle ánimo pero, por el contrario, era ella quien siempre nos animaba. Siempre empezaba diciendo: "¡Qué maravilloso es Dios!; ¿verdad?" Entonces nos contaba algo que Jesús había hecho por ella la semana anterior. Antes de irnos ella nos hacía cantar himnos (parece que se los sabía todos) y orar.

Lo que hacía de María una mujer de una gran fe no era su gozo sino el gozo en medio de las circunstancias que la rodeaban. Nuestro grupo de jóvenes iba cada domingo a los peores asilos públicos de ancianos de nuestra ciudad. La gente terminaba allí cuando no tenía dinero para ir a otra parte. Olían a orines por todos lados. La gente estaba amarrada a sus lechos o a una silla para evitar que se cayeran haciéndose daño. Algunos empleados del personal, malamente remunerados, robaban a los pacientes lo que tuviera valor. Respondían lentamente a las necesidades de los pacientes porque la muerte era todo lo que les quedaba. La mayoría de la gente que conocimos en ese asilo de ancianos estaba furiosa, sola y miserable. Una mujer que profería insultos continuamente ocupaba el lecho inmediato al de María. Esa mujer maldecía a María, a nosotros y a Dios. María nunca se quejaba. Nos contaba acerca de todas las cosas que le ocurrían cuando se lo preguntábamos. A veces no podía dormir porque su vecina de al lado había gritado toda la noche; otras, mencionaba el dolor físico que sentía, pero siempre tenía un profundo gozo y volvía a hablar acerca del Padre y Jesús. Era como si ella pudiera ver el cielo en medio del infierno.

Un día que estábamos con María vino una auxiliar de enfermería que nos dijo: "¿Saben cómo le dicen todos a María?" Uno de nuestro grupo respondió "¡Sí, María Sunshine porque ella siempre está tan contenta!" La auxiliar prosiguió: "Pero, ¿saben cómo escribirlo?" La miramos algo perplejos. Ella dijo: "Se escribe María Sonshine. Así con O porque Jesús, el Hijo de Dios, es el que brilla en ella".[1]

---

1 Este es un juego de palabras del inglés difícil de traducir al español. Sunshine -con U- significa rayo de sol; con O, en Sonshine indica hijo -son- brilla -shine-.

11

Paz

Malika es una bella joven árabe de ojos chispeantes y sonriente faz pese a que sufre tremendas presiones. Malika es de Marruecos, pero vive en Francia con sus padres y ocho hermanos y hermanas. Comparte un pequeño dormitorio con dos hermanas. Su familia quisiera verla casada con un buen musulmán y han tratado varias veces de arreglarle un matrimonio porque ya tiene dieciocho años. Malika es cristiana, convertida del Islam hace poco más de dos años. Ella sabe lo que la Biblia enseña acerca del matrimonio con incrédulos, pero en la cultura árabe no es tan fácil ir en contra de los deseos de la familia.

El mes pasado ella anunció que se casaba con un musulmán amigo de la familia. La joven que discipula a Malika hizo todo lo que podía para convencerla de que no se casara con un incrédulo, pero la respuesta de Malika fue: "He orado al respecto y Dios me ha dado paz".

¿Tiene Malika la paz de Dios o sencillamente encontró una manera de aliviar la presión bajo la cual se encuentra? Dios no da Su paz a quienes violan Su ley para salir de problemas inmediatos. Cuando elegimos algo basados en esta clase de criterios la paz no dura mucho tiempo. En el caso de Malika, a las dos semanas después de estar casada, ella vino a visitar a la joven que la estaba discipulando para preguntarle qué decía la Biblia acerca del divorcio. Se había vuelto dolorosamente obvio, que su matrimonio con un musulmán le había traído toda una nueva serie de problemas.

Tener la paz de Dios no significa que será fácil tomar las decisiones difíciles. Tampoco debemos confundir la paz de Dios con la calma que sobreviene después que uno ha hecho, por fin, una decisión difícil. Cuando el dueño del departamento que arrendábamos nos dijo que vendía la propiedad, pensamos comprar una casa. Oramos pidiendo la guía de Dios y consideramos la decisión desde un punto de vista práctico y bíblico. La misión nos dio la aprobación para comprar y, al no ver razón para no hacerlo, empezamos a buscar casa teniendo la paz de Dios de que hacíamos lo correcto. Buscamos durante dos meses algo que pudiéramos pagar y que también nos gustara. Por último, cuando ya nos quedaba muy poco tiempo y estando agotados física y mentalmente, encontramos algo que satisfacía la mayoría de nuestras necesidades. Mi esposa y yo nos sentimos muy inquietos al tener que comprometernos a comprar la casa, ahora que era el momento de firmar los documentos. Sentimos esa responsabilidad que asumíamos como un peso muy grande. Pensamos que, en verdad, esto no podía ser la voluntad de Dios por causa de las dudas que sentíamos acerca de la responsabilidad de tener una casa propia. Pero, mirando retrospectivamente la manera en que Dios nos había guiado en nuestra decisión, concluimos que estaba bien comprar. Una vez firmados los documentos y ya en poder de la casa, desapareció esa sensación de pesantez y nos sobrecogió el gozo de ser dueños de una casa por primera vez.

La Biblia habla de dos clases diferentes de paz. La primera paz a la cual se refiere es a la paz judicial, que el hombre recibe de Dios en el momento en que se arrepiente de sus pecados y deposita su fe en Jesucristo. Pablo escribe acerca de esta paz:

Justificados, pues, por la fe, tenemos paz para con Dios por medio de nuestro Señor Jesucristo.

Romanos 5:1

La paz de Dios no es en absoluto como la paz a la cual está acostumbrado el hombre. Cuando hay paz entre las naciones es el resultado de que una nación más fuerte aplastó a una más débil imponiéndole sus condiciones de paz. La nación más débil no sólo debe aceptar esas condiciones sino que también debe pagar el costo de la paz. Dios, la parte ofendida, viene al hombre (la parte más débil); porque nos ama mucho y le ofrece paz al que aún se rebela contra Él.

Dios no solamente viene al hombre ofreciendo la paz sino que también paga el costo de la paz. Dios enseñó a Su pueblo en el Antiguo Testamento que podía hacer la paz con Él por medio de la ofrenda de un sacrificio, que era llamado la ley del sacrificio de paz (Levítico 7:11-18). La persona que ofrecía el cordero pagaba el costo del sacrificio; de manera que ellos podían apreciar el costo que un día iba a pagar Dios. Todas las instrucciones referidas a los sacrificios que Dios dio eran para orientar a la gente hacia el sacrificio de la paz verdadera ofrecido por Jesucristo, que es, como lo dice el Bautista: "El Cordero de Dios" (Juan 1:36). La paz es posible por medio de la muerte de Cristo en la cruz: "Y por medio de él reconciliar consigo todas las cosas, así las que están en la tierra como las que están en los cielos, haciendo la paz mediante la sangre de su cruz (Colosenses 1:20).

Reconciliar significa hacer la paz entre las partes que están en guerra. Pablo habla de la manera en que Dios reconcilia todas las cosas consigo mismo (2 Corintios 5:18-21) dándonos a nosotros, Su iglesia, el trabajo de poner la paz entre el mundo y Él. Nosotros ejecutamos esta obra primeramente por medio del ministerio de la reconciliación (versículo 18). Esto significa hacer exactamente lo mismo que hizo Jesús. Podemos derramar a diario nuestras vidas al servicio del prójimo.

Podemos poner la otra mejilla y recibir con humildad el desahogo de la ira y la malicia. Al hacerlo así podemos ganar la paz con la humildad de nuestro Salvador, no con la fuerza del triunfador. Cuando sufrimos para ganar la paz estamos cumpliendo, como dice Pablo:

En mi carne lo que falta de las aflicciones de Cristo por su cuerpo, que es la iglesia.

Colosenses 1:24

Segundo, se nos confía "la palabra de reconciliación" (2 Corintios 5:19). Las acciones solamente no pueden hacer la paz entre Dios y el hombre, pero el mensaje de la paz de Dios, el Evangelio, sí lo hace. El Nuevo Testamento lo llama: "El evangelio de la paz" (Romanos 10:15; y Efesios 6:15). El evangelio debe ser anunciado con el mismo gozo y entusiasmo con que los ángeles anunciaron el nacimiento de Jesús a los pastores:

He aquí os doy nuevas de gran gozo, que será para todo el pueblo.

Lucas 2:10

Debemos tener la misma osadía de la cual escribe Pablo:

No me avergüenzo del evangelio, porque es poder de Dios para salvación a todo aquel que cree.

Romanos 1:16

Esta paz judicial con Dios es suya si usted es creyente, pero la paz judicial con Dios no garantiza que en su vida diaria esté presente la paz. Los psicólogos han detectado un síndrome conocido como el estrés posterior a la batalla, que es un desorden que afecta en mayor o menor grado a todos los que han peleado en una guerra. Mucho después que ha terminado la guerra y se ha firmado el tratado de paz, los soldados que pelearon en las batallas sufren el trauma que han experimentado. Algunos sueñan con tanto realismo que se creen de regreso al combate. Otros se crispan al sonido de disparos de armas de fuego. Algunos no pueden mantener sus trabajos. Los cristianos pueden tener una experiencia similar. Algunos hemos sufrido tanto bajo el dominio del pecado que necesitamos que el Espíritu Santo nos trate durante toda la vida y que Su iglesia nos ayude a sanar de los efectos del pecado en nuestra vida, pero podemos esperar tener la siempre creciente presencia de la paz de Dios.

Sin embargo, no espere que la paz de Dios sea la ausencia de problemas externos. Dios nunca promete esa clase de paz. En este mundo tendremos problemas, pero Él promete que en medio de esos problemas, también podemos tener Su paz, como dice Jesús:

Estas cosas os he hablado para que en mí tengáis paz.
En el mundo tendréis aflicción; pero confiad,
yo he vencido al mundo.

Juan 16:33

Podemos tener la paz de Cristo a través de los problemas que enfrentemos si nos concentramos en Cristo y no en los problemas.

Tú guardarás en completa paz a aquel cuyo
pensamiento en ti persevera; porque en
ti ha confiado.

Isaías 26:3

Imagine que está en el saliente de un edificio muy alto y que tiene que caminar a lo largo de él para escapar de un incendio incontenible que hay dentro. Hay un bombero en el otro extremo del saliente que le da instrucciones. Lo primero que le dice es: "Míreme, no mire hacia abajo ni hacia atrás". Luego sigue dándole instrucciones y ánimo. La única manera de evitar caer en el pánico es depositar su confianza en el bombero, hacer lo que dice, mantener su atención concentrada en él. Cuando usted se concentra en él, experimenta seguridad, porque sabe que está en buenas manos. De igual manera, usted debe mirar al Salvador y no a sus problemas, sea lo que fuere por lo que esté pasando en esta vida. Tiene que escuchar atentamente Sus instrucciones y seguirlas y así usted también será llenado con Su paz. Hay dos maneras de mantener nuestras mentes enfocadas en Cristo. La primera es conocer Su palabra:

Mucha paz tienen los que aman tu ley,
y no hay para ellos tropiezo.

Salmo 119:165

Pablo relaciona la paz de Cristo y la palabra de Cristo que llena nuestras corazones en Colosenses 3:15 y 16. En el versículo 15 él exhorta a los creyentes a dejar que la paz del Señor gobierne en sus corazones. En el versículo 16 Pablo escribe: La palabra de Cristo more en abundancia en vosotros. Jesús dice:

Estas cosas os he hablado para
que en mí tengáis paz.

Juan 16:33

Una de las cosas que dijo Jesús a sus discípulos es:

Si permanecéis en mí, y mis palabras permanecen en vosotros.

Juan 15:7

La paz de Dios viene por medio de Su palabra, pero no funciona como cosa de magia, ya que usted no abre la Biblia cuando se enfrenta a dificultades y elige un versículo para resolver sus problemas. La paz viene a quienes no solamente estudian la palabra de Dios y conocen sus principios para vivir, sino lo que es más importe, conocen a su autor.

La segunda forma en que podemos seguir enfocados en Cristo y experimentar Su paz es por medio de la oración. Pablo escribe:

Por nada estéis afanosos, sino sean conocidas vuestras peticiones delante de Dios en toda oración y ruego, con acción de gracias. Y la paz de Dios, que sobrepasa todo entendimiento, guardará vuestros corazones y vuestros pensamientos en Cristo Jesús.

Filipenses 4:6,7

Reitero, no espere la paz de Dios si usted ora solamente cuando se halla en problemas. La oración debe llegar a serle tan natural como respirar. Vamos conociendo a Dios y lo que Él quiere de nosotros por medio de la oración y, así, cuando nos vemos enfrentados a dificultades, sabemos que tenemos un Dios que es más grande que todo lo que enfrentemos. Como dice Jesús:

Estas cosas os he hablado para que en mí tengáis paz. En el mundo tendréis aflicción; pero confiad, yo he vencido al mundo.

Juan 16:33

La paz de Dios "sobrepasa todo entendimiento" porque para tener paz no tenemos que entender los problemas que enfrentamos ni sus soluciones. Podemos tener la paz de Dios cuando las cosas parecen más sombrías, no porque pensemos que los problemas se resolverán sino porque confiamos en el Dios que promete darnos paz, que guarda nuestros corazones y nuestras mentes (Filipenses 4:7).

Patricia trabaja voluntariamente en su iglesia y en una misión local. Aunque su esposo trabaja mucho, no tiene suficiente dinero para cubrir todos los gastos básicos. Ella andaba buscando un trabajo de media jornada al día para ayudar a pagar las cuentas, pero que no interfiriera con su obra misionera. Un amigo cristiano le pidió una copia de sus antecedentes porque había vacantes en la empresa donde él trabajaba. Resultó que el gerente general de la compañía estaba buscando un ayudante especial, y como Patricia era muy talentosa, le ofrecieron el trabajo, pero no por media jornada de trabajo sino por la jornada laboral completa; además, ella tendría que realizar viajes internacionales. Un trabajo así, para la mayoría de la gente, hubiera sido un sueño convertido en realidad, y en lo que concernía a la obra misionera, ella ganaría lo suficiente para mantener tres misioneros. ¿Qué hubiera hecho usted en el lugar de ella? Ese trabajo hubiera resuelto todas las presiones inmediatas que la apremiaban, un amigo cristiano había llevado por casualidad sus antecedentes a la empresa y todos oraban que ella consiguiera ese trabajo, ¿no era, acaso, la respuesta de Dios?

La respuesta para Patricia fue un claro ¡no! Ella creía que Dios no quería que dejara la obra misionera ni a su marido por el tiempo que requería ese trabajo soñado. Pocas personas entendieron por qué Patricia rechazó el trabajo, pero ella y su marido tienen la paz de Dios que sobrepasa todo entendimiento, aunque aún siguen bajo las mismas presiones que antes.

Cuando nos concentramos en Cristo por medio de Su palabra y de la oración, podemos tener Su paz en cualquier situación, aun en la muerte. Podemos tener paz en la muerte porque hemos pasado toda una vida con Él. El rey David fue pastor cuando era niño, pero no podía haber escrito el Salmo 23 mientras lo fue. Solamente alguien que experimentó los problemas de toda una vida, encontrando siempre cerca a Dios, podía escribir: "El Señor es mi pastor, nada me faltará. En lugares de verdes pastos me hace descansar. Él restaura mi alma; me guía por sendas de justicia por amor de su nombre. Aunque pase por el valle de sombra de muerte, no temeré mal alguno, porque tú estás conmigo, tu vara y tu cayado me infunden aliento" (BLA).

Podemos tener la misma paz que Jesús tuvo en la cruz cuando El se puso en las manos de Su Padre y dijo:

Padre, en tus manos encomiendo mi espíritu.

Lucas 23:46

La paz de Jesús es nuestra, tal como Él promete:

La paz os dejo, mi paz os doy; yo no os la doy como el mundo la da. No se turbe vuestro corazón ni tenga miedo.

Juan 14:27

12

Desear la voluntad de Dios

El predicador proclamaba desde la radioemisora: "Usted puede obtener lo que quiera de Dios si tiene bastante fe". "Si tiene suficiente fe no tiene porqué enfermarse. Si tiene bastante fe, no tiene que ser pobre. Usted puede tener todo lo que desea si tiene bastante fe". El predicador siguió diciendo que si usted enviaba un generoso aporte a su programa podía estar absolutamente seguro de recibir lo que quisiera.

La iglesia viene sufriendo desde hace mucho debido a falsos maestros como éste. Ellos toman una verdad a medias para proclamarla como si fuera toda la verdad, llegando a usar unos cuantos textos bíblicos para hacer que su falsa doctrina suene como verdad del Evangelio. Desafortunadamente, se predica tan a menudo cosas como las recién citadas que, para mucha gente, una gran fe equivale a la habilidad de obtener lo que quieran de Dios. Cuando no consiguen lo que piden, concluyen que debe ser que no tienen suficiente fe.

Quizá usted esté enfermo, afectado por una prolongada enfermedad, y ha pedido a Dios que lo sane, pero su estado no cambia. ¿Está pensando que Dios no responde sus oraciones porque usted no tiene suficiente fe? Quizá usted esté rodeado de problemas y abrumado por dolorosa angustia; quizá su pobreza es mucha y trabaja todo lo más que puede pero nunca parece salir adelante, aunque diezma y cree las promesas de Dios. Si ha estado oyendo predicadores como el del comienzo del capítulo, probablemente esté pensando que Dios le ha dado la espalda, que no le ama porque usted no tiene suficiente fe y que ésa es la razón de sus sufrimientos.

Llegó la hora de que escuche la verdad: Una gran fe no es la habilidad que le capacita para conseguir lo que usted quiere de Dios, sino que la mucha fe consiste en dejar que Dios consiga de nosotros lo que Él quiere. Los niños de dos años de edad son los únicos que exigen constantemente conseguir eso que quieren, insistiendo que las otras personas les obedezcan inmediatamente. No hay nada más trágico que los adultos a los que nunca se les enseñó que sus conductas a la edad de dos años eran impropias, excepto los cristianos que espiritualmente tienen dos años y que esperan que Dios diga que sí a cada uno de sus caprichos. Aquellos que maduran en forma normal, tanto a nivel psicológico como espiritual, se dan cuenta que insistir en salirse con la suya no es pensar con madurez, especialmente cuando se trata de la vida cristiana. Si usted insiste en salirse con la suya sin querer saber lo que Dios tiene para usted, significa que piensa que sabe más que Dios. Su fe está definitivamente puesta en usted y no en Dios. Debemos tener cuidado de no presionar a Dios para que nos dé lo que queremos, aunque Él nos lo da a veces para enseñarnos una lección. Eso es lo que Dios hizo con la nación de Israel, cuando ellos insistieron en tener un rey (1 Samuel 8). Uno de los castigos por querer salirse con la suya es que Dios nos los permita tal como lo dice Pablo en Romanos 1:24 y 26: "Dios los entregó..." Se alcanza un punto del cual ya no se puede volver.

Nuestra voluntad, igual que el resto de nosotros, ha sido afectada por el pecado. No respondemos a Dios de la manera debida. Debemos ser preparados para ser obedientes, igual que el niño que debe ser enseñado a obedecer a sus padres. Hay una sola manera de hacerlo, la cual requiere tiempo y disciplina. A veces Dios usa todas aquellas cosas que no nos agradan para moldear y formar nuestras vidas: enfermedades, sufrimientos, pruebas y persecuciones. El autor de la carta a los Hebreos lo dice así:

Y aunque era Hijo, por lo que padeció
aprendió la obediencia.

Hebreos 5:8

¿Cómo podemos pensar que podemos evitarnos todo eso?

Nos volvemos cristianos cuando rendimos nuestra voluntad a la voluntad de Dios. El desafío diario de la vida cristiana es el de rendir nuestra voluntad a la voluntad de Dios. Pablo se refiere a esta lucha como al concepto del conflicto entre el hombre viejo y el hombre nuevo (Colosenses 3:10). Dios no nos deja sin ayuda en esta lucha diaria que enfrentamos para negar el ego y vivir para Él. Dios nos ha dado Su Espíritu Santo cuya obra, con nuestra cooperación, consiste en que sigamos la voluntad de Dios y no la nuestra.

Los primeros tres capítulos de la segunda parte de este libro se llaman:

Amor, Gozo y Paz. No es por accidente que fueron elegidos estos títulos pues también son los tres primeros aspectos del fruto del Espíritu que se irá haciendo cada vez más patente en su vida por medio de la diaria rendición de su voluntad y deseos al Espíritu Santo. La gente de una gran fe no insiste en que Dios le cumpla sus deseos sino que, por encima de todo lo demás, quiere que se cumpla en ellos los deseos de Dios sin importarles cómo Él los pueda guiar.

Abraham era un hombre de gran fe. Cuando usted piensa en su vida; ¿qué le impacta acerca de su experiencia con

Dios? ¿Consiguió Abraham lo que él quería de Dios o fue Dios quien consiguió lo que quería de Abraham?

Dios llamó a Abraham para que abandonara su patria. Estoy seguro que Abraham no quería irse. Abraham quería tener un hijo más que nada en el mundo pero ¿le dio Dios inmediatamente ese hijo? No, Abraham tuvo que esperar ese hijo toda una vida. Entonces Dios le mandó que se lo ofreciera como un sacrificio. Nada hay en un padre que quiera matar a su hijo. Con toda seguridad había algo dentro de Abraham que decía no con cada paso que daba en dirección a ese altar, pero Él no escuchó a su voluntad sino la de Dios. Esto es lo que la Biblia quiere decir cuando nos enseña que caminemos por fe y no por vista. Tenemos que obedecer a Dios no porque nos parezca sensato sino porque Él conoce mejor que nuestro razonamiento, el cual no debe constituirse en nuestra autoridad final. Una gran fe dice que Dios y Su palabra saben mejor que nuestros deseos o sentimientos.

Los cristianos parecen interesarse mucho por saber cuál es la voluntad de Dios. Los libros que tratan acerca de hallar la voluntad de Dios son éxitos de librería; los seminarios acerca del mismo tema logran buena asistencia. El problema es que muchos ignoran la clara revelación de la voluntad de Dios y prefieren una visión en la que el Padre responda inmediatamente enfrentándose a ellas. Dios ha elegido el enfoque exactamente opuesto para dar a conocer Su voluntad. Él quiere que nos concentremos en lo que nos dice en las Escrituras y confiemos en Él para que nos guíe a través de las cosas diarias que enfrentamos. La pregunta clásica que se hace la gente joven respecto de la voluntad de Dios es: "¿Con quién debo casarme?". La gran mayoría quiere por respuesta el nombre y la dirección de la persona que Dios les tiene. Dios quiere primeramente que usted se dedique a ser una persona de carácter santo, que esté dispuesta y tenga algo que dar al matrimonio.

Para ser semejante a Cristo, nuestro deseo debe ser hacer la voluntad del Padre. Hacer la voluntad de Dios era lo que nutría a Cristo. Él dice:

Mi comida es que haga la voluntad del que me envió, y que acabe su obra.

Juan 4:34

La tarea central que Jesús realizó fue hacer la voluntad del Padre en todo. Él dice:

No busco mi voluntad, sino la voluntad del que me envió.

Juan 5:30

Desear la voluntad de Dios por encima de toda otra cosa no es fácil. Como Cristo en el huerto de Getsemaní, no debemos retraernos de seguir a Dios, aunque Jesús sudaba grandes gotas de sangre al contemplar la cruz delante de Él. Su oración siempre fue:

No sea como yo quiero, sino como tú.

Mateo 26:39

Helen Roseveare era una notable doctora en medicina graduada de la Universidad de Cambridge. Ella había respondido al llamado de Dios al servicio misionero y había ido al Congo. Superdotada como era, lo que ella realizaba para el Señor en el campo misionero como mujer soltera era increíble. Construyó un hospital y un centro de entrenamiento médico. Helen decidió sacar algún tiempo de todas las presiones que tenía encima para orar.

Ella trataba de orar, pero parecía que sus oraciones estaban bloqueadas. Entonces acudió a un viejo pastor africano en busca de consejo. Después de escucharla atentamente, el pastor trazó con un palo una "I" grande en el suelo (esa sola letra, mayúscula, constituye la palabra "yo" en inglés). "Helen", le dijo amablemente, "tu problema eres tú. Hay demasiado "yo" en tu trabajo". Entonces, tomando el palo, el pastor trazó una línea horizontal a través de la I, formando una cruz, y añadió: "Lo que la gente necesita ver es a Jesús".

El solo hecho de que usted se halle ocupado en la obra de Dios no significa que esté haciendo la voluntad del Padre. Como en el caso de Helen, es posible que haya demasiado "yo" en nuestro trabajo aun cuando éste sea servicio cristiano. Ahora cuando Helen Roseveare habla, la gente ve a Jesús, pero esto requirió de ella veinte años de doloroso servicio para el Salvador, mientras Él amorosamente ponía un travesaño a la "I" y convertía en cruz el "yo" en la vida de Helen. Las personas de gran fe han aprendido que lo mejor para ellas es desear ni más ni menos que la voluntad de Dios, sin tener en cuenta el costo. Una gran fe no es obtener lo que uno quiere de Dios sino permitirle a Dios obtener lo que *Él* desea de nosotros.

Sígale adondequiera que Él le lleve. No hay revelación más clara de la voluntad de Dios para su vida que la que se halla en 1 Tesalonicenses 4:3. Pablo declara enfáticamente:

La voluntad de Dios es vuestra santificación.

Lo que Dios desea para usted es, más que cualquier otra cosa, que usted sea santo. Una fe grande desea la voluntad de Dios por encima de todo lo demás.

13

Orar

Cuando venga el Hijo del Hombre,
¿hallará fe en la tierra?

Lucas 18:8

Esta es una pregunta que Jesús se plantea a Sí mismo en un contexto que deja claro que la oración es la expresión de la fe que Cristo buscará porque la declaración de Jesús citada anteriormente está en medio de dos parábolas acerca de la oración. Jesús cuenta en ese pasaje, Lucas 18:1-6, la parábola de la viuda que presenta su caso ante el juez injusto, e inmediatamente después, la parábola de los dos hombres que fueron a orar al templo (Lucas 18:9-14). La oración es la expresión de la fe que el Salvador está buscando, pues la oración es la fe que actúa.

Ella había visto a su padre, su marido y su hijo partir a la guerra. Acababa de escuchar que su nieto había recibido la orden de reclutamiento cuando vino a verme. "Oro y ruego pero no parece que sirva para algo bueno. Nada cambia. Es como si Dios no estuviera ahí o no escuchara. Creo que voy a dejar de orar", comentó tristemente. Escuché con atención sus preocupaciones, luego le recordé con gentileza que sus oraciones debían haber servido para algo porque todos sus seres queridos fueron lo suficientemente afortunados para volver a casa. Ella no había perdido la fe en la oración sino en Dios y se fue dudando acerca de la bondad de Dios en un mundo tan malo.

El Señor nos advierte, como a Sus discípulos, que habrá cada vez más gente que haga la misma conclusión que esa señora y que dejarán totalmente de orar a medida que se aproxime Su regreso. Jesús describe en Lucas 17:22-37 lo que será hallado en la tierra cuando Él vuelva. Jesús compara Su retorno con otras dos épocas de juicio: el diluvio de la época de Noé (Lucas 17:26) y la destrucción de Sodoma (Lucas 17:29). Él dice: "Comían, bebían, compraban, vendían, plantaban, edificaban" (Lucas 17: 28).

Interpretar este versículo diciendo que esas personas se comportaban en forma terriblemente inmoral es no entender lo que Jesús quiere decir. La frase: "comían, bebían", no significa que llevaran un estilo de vida decadente. Estaban llevando, sencillamente, una vida día a día en que hacían las cosas normales necesarias para sobrevivir. Su pecado era que no daban lugar en sus vidas a Dios, Su palabra o a la oración, haciendo exactamente todo lo contrario a las instrucciones dadas por Jesús a los creyentes para que hagan mientras esperamos Su regreso. Jesús dice a Sus discípulos:

Velad, pues, en todo tiempo orando que seáis tenidos por dignos de escapar de todas estas cosas.

Lucas 21:36

En las parábolas de las diez vírgenes (Mateo 25:1-13) y la del hombre que salió de viaje (Marcos 13:34-37) se habla del retorno de Cristo, exhortando a los creyentes específicamente a velar.

El término "velar" adopta un significado especial en el Nuevo Testamento donde es sinónimo de oración. Jesús pidió a Pedro, Santiago y Juan: "Quedaos aquí, y velad conmigo" cuando estuvo en Getsemaní (Mateo 26) y, luego de reprocharles porque se quedaban dormidos, (versículo 41), les dice: "Velad y orad para que no entréis en tentación"; ese mandamiento es el mismo que Pedro da a la iglesia cuando escribe: "Mas el fin de todas las cosas se acerca; sed, pues, sobrios, y velad en oración" (1 Pedro 4:7).

El crecimiento asociado a una vida de fe nos conduce a velar y orar. Esta oración es la plegaria de la gente empeñada en una lucha desesperada entre Dios y las fuerzas del mal. Es la clase de oración que Moisés elevaba mientras los israelitas peleaban contra los amalecitas (Éxodo 17). Esta es la clase de lucha mostrada en la parábola de la viuda narrada en el capítulo 18 de Lucas y se llama oración intercesora.

La oración intercesora es una lucha con Dios para recibir lo que Él nos ha prometido. Fíjese en la parábola de la viuda (Lucas 18:3) que ella pide lo que se le ha prometido bajo la ley. El contenido de la oración intercesora siempre tiene como contenido las promesas de Dios. Esta ruega por las promesas de Dios incluso cuando la respuesta a la oración dificulte aún más la situación que se enfrenta. Para el intercesor la lucha en oración no es para mejorar su posición en la vida, sino un esfuerzo para que se cumpla la voluntad de Dios en la tierra. Lo que el intercesor desea principalmente es querer la gloria de Dios:

Porque la tierra estará llena del conocimiento
del Señor, como las aguas cubren el mar

Isaías 11:9

Cuando usted escucha las peticiones que se hacen en oración en la iglesia promedio, se da cuenta que la mayor parte de las preocupaciones se relacionan con la mejoría de nuestra posición en esta vida y muy poco con la gloria de Dios. El intercesor ora por aquellos dedicados a compartir el Evangelio con los perdidos de todo el mundo. Este es un significado de la petición planteada en la oración del Señor: "Venga tu reino, sea hecha tu voluntad" (Mateo 6:10). Un intercesor ora como nuestro Señor lo hizo pidiendo a Dios que proteja la unidad y la pureza de la Iglesia (Juan 17:17-23). El intercesor ora sabiendo que la oración es la obra más importante que puede realizar.

Pocos grupos han captado la importancia de la oración como los moravianos que, en 1727, empezaron una vigilia de oración que continuó durante las veinticuatro horas de cada día de un siglo completo. El resultado fue que este pequeño grupo de creyentes ha hecho la enorme obra de llevar el Evangelio a todas las naciones, y en veinte años ha enviado más misioneros que toda la iglesia protestante en doscientos años.

Algunas personas consideran que su ministerio completo debe ser el de orar. Nunca olvidaré a una diminuta señora española que conocí y que no hablaba una palabra de inglés. Hace varios años mi padre estuvo paralizado desde el pecho hacia abajo debido a un accidente automovilístico y durante ocho meses fue mantenido vivo por un ventilador. El médico nos había dicho que no esperáramos mejoría alguna de su estado y que ellos esperaban que muriera pronto, puesto que ya estaba mentalmente incoherente. Día tras día, estuvimos al lado de su lecho, orando y esperando un milagro pero no hubo cambios. Un domingo por la tarde estaba sentado junto a la cama de mi padre cuando entró una pequeña señora española. Primero pensé que se había perdido y que había entrado equivocadamente a la habitación de mi padre. Ella dijo, en español, que era cristiana y que iba de sala en sala orando por los enfermos y me preguntó si queríamos que orara; le contesté: "Sí, por favor". (Usted tiene que saber algo de español si vive en Miami.). La señora alargó su mano y tocó suavemente la cama de mi padre. Cuando terminó, le agradecí su oración y ella se fue para nunca más volver a verla. No estoy seguro que suplicó pero mi padre empezó a mejorar al día siguiente. Los médicos lo sacaron del ventilador y, ocho meses después, volvió a casa en silla de ruedas. Papá vivió seis años más como testimonio de que Dios responde oraciones.

Desde que el hombre se escondió en el huerto para evitar encontrarse con Dios, ha tenido problemas para orar. La oración es la disciplina más difícil de dominar para la humanidad. Cuando logramos ponernos a orar no lo hacemos en una forma que complazca a Dios.

No hace mucho recibí por correo una oración a San José. Había una frase escrita en el comienzo de la oración: "Rece esta plegaria por nueve días seguidos; no se ha sabido nunca que falle". Lo más inquietante de la oración es que viola dos fundamentos principales acerca de las oraciones que enseña la Escritura.

Primero, está dirigida a alguien que no es Dios, por medio del nombre del Señor Jesucristo. No hay mandamiento ni ejemplo en la Biblia de oración a otro que no sea el mismo Dios. Pablo escribe:

Porque hay un solo Dios, y un solo mediador entre Dios y los hombres, Jesucristo hombre.

1 Timoteo 2:5

La Biblia nos llama una y otra vez a orar a Dios. Cuando nuestro Señor nos enseñó a orar dejó claro que toda oración debe dirigirse a Dios cuando dice a Sus discípulos:

Vosotros, pues, oraréis así: Padre nuestro que estás en los cielos.

Mateo 6:9

El segundo error referido a la oración que recibimos es que alienta a la gente a poner su fe en la oración y en la habilidad de seguir pidiendo. El intercesor persiste en orar creyendo que Dios no es en absoluto como el juez injusto de Lucas 18, sino su amante Padre celestial. Jesús enseña que el poder no reside en la oración sino en el Dios que responde a la oración, y dice:

> *Y orando, no uséis vanas repeticiones, como los gentiles, que piensan que por su palabrería serán oídos. No os hagáis, pues, semejantes a ellos; porque vuestro Padre sabe de qué cosas tenéis necesidad, antes que vosotros le pidáis.*
>
> Mateo 6:7, 8

Cuando aprendemos a orar de esta manera, lo hacemos como nuestro Salvador. Una de las cosas que más impresionó a los discípulos acerca de nuestro Señor fue su vida de oración. Por lo que sabemos, los discípulos solamente pidieron a Jesús que les enseñara a hacer una cosa y fue orar. Quizá sea lo más importante que podemos pedir a Cristo, que también nos enseñe.

La oración es una prueba muy simple pero muy reveladora de la calidad y madurez de nuestra fe. ¿Qué le dice su vida de oración acerca de su fe en Dios? Si no pasa tiempo en el aposento a solas con Dios, significa que tiene muy poca fe en Él. Cualquier cosa que hagamos por Dios será sólo tan buena como las oraciones que invirtamos en ello.

14

Soñar

Cuando le preguntaron a la joven cuál era el sueño de su vida, replicó: "¡Ser rica!" Quiero tener una oficina en el piso superior del edificio más alto de la ciudad para poder apoyar mis pies sobre el escritorio y mirar todo lo que poseo".

Cuando se le hizo la misma pregunta a otra joven, ella contestó: "Quiero ser madre y esposa. Quiero vivir en una preciosa casita en un buen barrio. Quiero tener cuatro hijos, muchos buenos amigos y un marido que me ame".

Un estudiante de medicina dijo: "Quiero ayudar a la gente. Quiero salvar vidas humanas. Me gustaría descubrir un remedio para el cáncer".

Hay esperanza en soñar; en tener una meta hacia la cual esforzarse. Es triste preguntar a alguien cuál es el sueño de su vida sólo para oír que contesta: "No tengo ningún sueño. Simplemente trato de pasar este día". Más trágico que no tener un sueño en la vida es no tener un sueño o visión en la vida espiritual. Quizá usted nunca haya pensado en tener sueños para Dios. Puede tener sueños para su vida personal; pero ¿qué tal soñar para Dios? ¿Cómo le gustaría pasar su vida para provecho del Salvador? El crecimiento asociado a la vida de fe sueña sueños para Dios.

El cristianismo no un deporte para espectadores. No somos llamados a venir a mirar al predicador sino a seguir a Cristo; a llevar una vida de participación con El en la obra de Su reino. Esto significa tomar lo que Dios le haya dado y encontrar una manera en que sea lo más efectivo posible para el Señor. Soñar sueños para Dios no es una opción para el cristiano sino nuestro deber. Este principio es enseñado claramente en la parábola de los talentos de Mateo 25:14-30, más que en ninguna otra parte. Esta parábola trata acerca de un señor que debe irse de viaje y mientras está ausente confía todo lo que tiene a sus siervos. Las imágenes son sumamente claras. El señor es nuestro Señor y los siervos somos ustedes y yo. El Señor ha dado a cada uno de nosotros algo para que lo usemos para Él y el provecho de Su reino. Esto que el Señor da a todos los creyentes se llama dones espirituales en 1 Corintios 12: "A cada uno le es dada la manifestación del Espíritu para provecho" (versículo 7).

Es verdad que no todos reciben dones iguales como los siervos de la parábola, pero hasta al siervo que recibió sólo un talento le fue otorgada una enorme responsabilidad porque un talento era igual a toda una vida de trabajo. El Señor hace lo mismo con Sus hijos, conociendo nuestra capacidad, pero nadie puede decir que su porción es insignificante. La mejor obra de Dios es hecha por personas de escasa capacidad que ponen a disposición de Dios lo que tienen.

Cuando Jesús alimentó a los cinco mil, lo hizo con la mínima ración del niñito. Pedro no pensó que fuera suficiente para cambiar la situación y comentó: "¿Qué es esto para tantos?" (Juan 6:9). ¿Qué tal si el muchacho que ofreció su ración a Jesús hubiera sentido lo mismo y hubiera guardado la comida para él? ¿Qué tal si hubiera pensado como tantos cristianos: "Mi aporte no importa en absoluto?"

Gracias a Dios por toda esa gente pequeña con sus "poquitos" que mantienen en movimiento a la obra de Dios. Hay otra razón por la cual Dios usa gente con escasa capacidad: porque cuando la gente pequeña cumple grandes cosas, la gloria va a Dios y no al hombre.

La parte más interesante de esta parábola es lo que no dice. Fíjese que el amo no dice a sus siervos qué hacer con los talentos sino que, sencillamente, les da toda su riqueza. Aquí es donde intervienen el sueño y la imaginación. Los dos siervos que duplicaron el dinero de su amo tuvieron que pensar, planificar y trabajar mucho y muy fuerte.

¿Qué motiva a una persona a dedicar todo su ser a un proyecto? El amor. Los dos primeros siervos amaban a su amo y querían hacer lo más posible por él. El tercer siervo representa a muchísima gente de la iglesia que no quiere ser molestada. Él enterró el talento del amo para evitar que se le perdiera. Lo que no dijo es que lo enterró para liberarse de la responsabilidad de tener que usarlo. La fuerza impulsora tras este siervo es la protección de sí mismo, no la protección de la propiedad de su amo. Las acciones de este siervo muestran que su corazón no está puesto en la obra de su amo. Este siervo está enamorado de otras cosas. Está condenado no porque no duplicó el dinero de su amo sino que es maldecido por no amar a su amo y querer complacerlo.

Mi esposa se deleita cuando le regalo algo. A ella no le importa el valor monetario del regalo sino el tiempo y la energía creativa que puse en el mismo. Una carta de amor cuidadosamente redactada es de mayor valor para ella que una joya comprada a último minuto. Así mismo es con el Señor, que se entusiasma cuando Sus hijos se toman tiempo para soñar y planificar para Él, ofreciéndole un regalo de amor y gratitud.

Puesto que el Padre quiere animar a los soñadores, nos ha dado promesas muy especiales para que sepamos que Él nos apoya. Esos versículos son desafortunadamente mal usados por gente que piensa que Dios debe ser sirviente de ellos, ayudándoles a realizar sus metas en la vida cuando, en realidad, esas promesas son para los soñadores, gente que se ve como siervos de Dios y se dedican a cuidar que se cumplan las metas de Dios. Jesús alienta a Sus discípulos a que sueñen:

Si permanecéis en mí, y mis palabras permanecen en vosotros, pedid todo lo que queréis, y os será hecho.

Juan 15:7

Jesús vuelve a decir en el versículo 16:

"No me elegisteis vosotros a mí, sino que yo os elegí a vosotros, y os he puesto para que vayáis y llevéis fruto, y vuestro fruto permanezca; para que todo lo que pidiéreis al Padre en mi nombre, Él os lo dé.

Jesús dice también:

Pedid, y se os dará; buscad, y hallaréis; llamad, y se os abrirá.

Mateo 7:7

Pablo dice al escribir de su propia experiencia: "Todo lo puedo en Cristo que me fortalece".

¿Cuáles son sus sueños? ¿Son para usted mismo o para Dios? ¿Son pequeños o grandes? La única cosa que limita nuestro soñar para Dios es nuestra visión de Él. Las ideas no tienen que ocurrírsele a usted. Dios se deleita en aquellos que laboran tras bastidores ayudando a realizar los sueños de otras personas.

Charlie y Lois Haining son soñadores para Dios. Sus sueños para Dios empezaron en forma muy pequeña. Ellos fueron convertidos por el testimmonio de un laico, en un fin de semana en la iglesia a que asistían, y quisieron contar a otros lo que el Señor había hecho por ellos. Participaron en fines de semana de renovación laica y llevan veinte años haciéndolo y han visto muchas vidas y familias transformadas. Charlie y Lois escribieron a cien pastores de Francia preguntándoles si les gustaría participar en un fin de semana laico, pues creyeron que Dios podía usar esta forma de testificar en otros países, y como no sabían mucho francés recurrieron a un traductor. Respondieron dos iglesias, que era justamente la cantidad que necesitaban para iniciar un intercambio; así que fueron a Francia en el verano, pagando todo de su propio bolsillo. Conocieron las dos iglesias para ayudar con su preparación. Regresarán en el otoño para dirigir un seminario sobre el fin de semana laico. Su obra marcará toda una tremenda diferencia en Francia porque ellos tuvieron suficiente fe y amor para soñar para el Señor.

El joven tenía pasión por la Biblia y la evangelización pero solamente podía dedicar parte de su tiempo a la obra del Señor. Trabajaba en un banco para poder sostenerse. Debido a que era tan buen profesor de Biblia, se decidió que tenía que enseñar en los estudios bíblicos que se realizaban durante las cruzadas evangelísticas. Este joven continuó el sueño de ser un evangelista sin descorazonarse. Dios honró sus sueños y, ahora, Luis Palau es uno de los evangelistas mejor conocidos y amados, no solamente en América del Sur, el continente donde nació, sino en todo el mundo. Luis Palau no ha dejado de soñar para Dios y le ha pedido que por lo menos tres países latinoamericanos sean predominantemente evangélicos antes de que él muera.

Soñar sueños para Dios es una aventura. Uno nunca sabe adónde Él lo conducirá. Sí puede estar seguro de algo y es que El superará todas sus expectativas:

Aquel que es poderoso para hacer todas las cosas mucho más abundantemente de lo que pedimos o entendemos.

Efesios 3:20

15

Conclusión: La recompensa de la fe

"No puedo creer que Dios mande a alguien al infierno simplemente porque no cree en Jesús"; dijo el joven. El joven tenía razón. Dios no envía a la gente al infierno solamente porque no creen en Jesús. La gente es enviada al infierno por toda la eternidad porque se rebelan contra Dios y no quieren someter sus vidas a Su señorío. La gente quiere vivir sus propias vidas y hacer lo que quiere. No quieren nada con Dios en esta vida, de modo que Dios les dará en la vida por venir exactamente lo que han buscado: serán enviados al infierno donde no hay nada de la bondad de Dios. La gente no es enviada al infierno sólo porque no tengan fe. Tampoco la gente va al cielo sólo porque tiene fe. Debemos cuidar la forma en que hablamos del rol de la fe en la salvación porque, a veces, damos la impresión de que el único componente de la salvación es la fe. La Biblia es clara al manifestar que la fe es solamente un aspecto de lo que se necesita para entrar al cielo. Aquel en quien tenemos fe ha ganado el cielo para nosotros. Pablo escribe:

Por gracia sois salvos.

Efesios 2:5, 8

Lo único que nos salva es la gracia de Dios. Fue la gracia de Dios, que planeó y ejecutó todo lo necesario para nuestra salvación. Fue la gracia de Dios que envió a Jesucristo a la cruz para recibir el castigo que nosotros deseamos. La humanidad nunca hubiera podido entrar al cielo sin Jesucristo. La Biblia dice que no es la fe la que trae el perdón sino la Sangre de Cristo:

Sin derramamiento de sangre no se hace remisión.

Hebreos 9:22

Pablo escribe:

Porque por gracia sois salvos por medio de la fe.

Efesios 2:8

Fíjese que la gracia de Dios es la causa primera de nuestra salvación y la fe es el medio.

Piense que la vida cristiana es como un tren. La locomotora del tren no es la fe sino Cristo. La fe es la conexión que une a la máquina. Vamos donde quiera que vaya la locomotora porque estamos conectados a ella. Hay algo muy interesante de las conexiones de los trenes que se aplica también a nuestra fe. Los vagones de los trenes se conectan con ganchos. Una sus manos y ponga una dentro de la otra, ahora tire, ¿cuál mano sostiene a cuál? La respuesta es que ambas manos se sostienen una a otra. Esta es la forma en que los vagones de tren se sujetan unos a otros; y del mismo modo, cuando nos estiramos para tomarnos de Dios, Él también se toma de nosotros.

La fe no es la causa de nuestra salvación; es Dios y Su gracia que enviaron a Jesucristo al mundo para asumir el castigo que cada uno de nosotros merece. El Padre nos ha dado un regalo; la fe es aceptar ese regalo. Usted no puede jactarse de aceptar un regalo, pero sí puede hacer ostentación de Aquel que le hizo el regalo. Debemos estar seguros que damos el crédito a Dios y a la obra de Cristo por nuestra salvación sin darnos un golpecito cariñoso en la espalda por nuestra fe, por haber recibido el regalo de la vida.

Si usted se está ahogando pero, en el último minuto, un salvavidas le arroja un flotador y luego, lo atrae a salvo a la playa, sería absurdo que usted dijera: "Es una cosa muy buena que haya aullado pidiendo socorro y me haya aferrado al flotador o nunca hubiera sido salvado". Eso es cierto, pero la respuesta adecuada era agradecer que el salvavidas haya estado ahí, porque si no fuera por lo que él hizo, usted nunca hubiera sido salvado. Cuando lleguemos al cielo, no nos alabaremos por nuestra fe sino que agradeceremos a Dios por Su gracia.

No es tan sólo la fe la que nos salva, ni tampoco el cielo es la recompensa de la fe. La recompensa de la fe empieza desde el momento que confiamos en Cristo, al instante en que somos librados del dominio de Satanás y puestos en el Reino de Dios (Colosenses 1:13). Nuestros pecados son perdonados (Colosenses 1:14) y recibimos la justicia perfecta de Jesús como propia (Filipenses 3:9). Dios nos ha dado el Espíritu Santo como una garantía de que todas Sus promesas serán cumplidas (Efesios 1:14). Dios nos tranquiliza, nos ayuda con nuestras debilidades (Romanos 8:16, 26) y desarrolla en nosotros un carácter santo (Gálatas 5:22). Nos volvemos hijos de Dios, hermanos de Cristo y la iglesia es nuestra familia en el momento de la conversión (Romanos 8:16). Podemos contar conque nuestro Padre cuida con amor de nuestras necesidades (Filipenses 4:19) y cada día, con Sus bendiciones (Lamentaciones 3:23). Tendremos la disciplina del Padre para ayudarnos a crecer y madurar (Hebreos 12:7) y en nuestra calidad de hijos de Dios tenemos el derecho de recibir el signo y sello del bautismo y participar de la comunión. Recibimos dones espirituales para usarlos en el servicio de nuestro Señor y podemos orar con confianza, clamando la promesa de Dios y sabiendo que Jesús, nuestro abogado, está sentado a la diestra del Padre intercediendo por nosotros (Hebreos 10:22; 1 Juan 2:1).

Recibimos una armadura espiritual para luchar contra el malo (Efesios 6:11-17). Tenemos Su promesa de que nunca nos dejará; siempre estamos en Sus manos (Juan 10:28, 29). Cristo promete estar con nosotros dondequiera que vayamos (Mateo 28:20) y tenemos Su garantía de que nunca nos abandonará (Hebreos 13:5).

Él nos dará las palabras para decir y actuar apropiadamente para defender la fe (Mateo 10:19). También recibimos el privilegio de sufrir por Él en este mundo (Filipenses 1:29). Recibimos poder espiritual de parte del Espíritu Santo para vivir y hablar de modo que otros lleguen a conocer al Señor Jesucristo (Hechos 1:8).

Tenemos vida abundante y no tan sólo la plenitud en esta vida sino el consuelo de saber que nuestras almas nunca morirán. En el momento en que nuestro cuerpo muere, nuestro espíritu va a estar con Cristo en el cielo (2 Corintios 5:8). Allí no tenderemos más tristeza, ni llanto, dolor ni sufrimiento (Apocalipsis 21:4). Un día sobrevendrá la resurrección de nuestros cuerpos (1 Corintios 15:50-53). Dios creará un nuevo cielo y una nueva tierra y reinaremos por siempre con el Señor después que Él haya destruido a todos Sus enemigos.

La recompensa de la fe consiste es que Dios Padre bendice con toda bendición espiritual a quienes depositan toda su confianza en Jesucristo. Todo lo que es de Jesús es nuestro, como lo escribe Pablo:

> *Bendito sea el Dios y Padre de nuestro Señor Jesucristo, que nos bendijo con toda bendición espiritual en los lugares celestiales en Cristo.*
>
> Efesios 1:3

16

La seguridad de la fe

El anciano caballero vino a mi oficina a conversar un rato. Por la conversación trivial que sostenía supe que tenía otra cosa en mente. Por último, formuló, con vergüenza, la pregunta que lo había traído hasta aquí: "¿Cómo puedo estar seguro de mi salvación? He estado leyendo las Escrituras y me parecen confusas. Pablo habla de la fe y Santiago, de las obras; "¿Quién tiene la razón?"

Esa es una pregunta frecuente y muy buena para que cada uno nos la formulemos. Si vamos a encontrar la respuesta, tenemos que entender lo que enseñan Pablo y Santiago acerca de la fe. Los textos que más a menudo se citan como contradictorios son Romanos 3:21-4:5 y Santiago 2:14-24 y, con más especificidad: "Concluimos, pues, que el hombre es justificado por fe sin las obras de la ley" (Romanos 3:28). "Así también la fe, si no tiene obras, es muerta en sí misma" (Santiago 2:17).

Si uno no entiende la naturaleza de la fe y la enseñanza más amplia de las Escrituras puede pensar que Pablo y Santiago se contradicen mutuamente, pero no es así en absoluto. Pablo y Santiago no escriben un tratado sobre la fe sino que se dirigen a gente en particular que presentaba problemas específicos y, dado que la estrategia del enemigo es atacar la verdad por todos lados, deben defenderse todos los lados de la verdad. Pablo defiende un lado de la verdad y Santiago, otro.

Imagínese que hay dos personas que buscan el centro de la ciudad. Una está en el lado este de la ciudad y la otra, en el oeste. Cada una para a un policía para preguntar cuál es el camino al centro. El policía que trabaja en el lado este y el que está en el lado oeste van a darle instrucciones exactamente opuestas. Si uno no conoce el contexto, diría que esos policías se contradicen uno a otro cuando, en realidad, dieron la información correcta en forma exacta, en respuesta a la pregunta que se les formuló. Lo mismo rige para Pablo y Santiago. Ellos no se contradicen uno a otro sino que dicen la verdad que se necesita para la situación que enfrentan.

Pablo defendía la fe contra quienes predicaban que no era suficiente confiar en Cristo para ser cristiano, sino que también se debían guardar todas las costumbres judías. Esta doctrina falsa parece estar siempre entre nosotros cambiando solamente los requisitos. Esta falsa doctrina enseña que usted necesita a Cristo y algo más.

Santiago, por el otro lado, enfrenta un problema completamente diferente; él escribe a personas que creían que la fe bíblica es el asentimiento intelectual o una simple confesión. Santiago dice que el asentimiento intelectual es la misma creencia que tienen los demonios del infierno.

Tú crees que Dios es uno; bien haces. También los demonios creen, y tiemblan.

Santiago 2:19

Los demonios eran los primeros en confesar el Señorío de Cristo, según los Evangelios, aunque no se sometieran a dicho señorío. Reconocer la verdad no significa que uno viva por ella.

Pablo y Santiago defienden la fe de dos clases diferentes de ataque. Uno puede decir que Pablo trata de los signos vitales de la fe mientras que Santiago trata del crecimiento asociado a la vida de fe. Los hombres y la mujeres han errado, en el curso de la historia de la Iglesia, por no tener presente esas cosas que tienen lugar inmediatamente cuando uno cree y aquellas que cambian con el curso del tiempo. La doctrina que afirma que uno puede creer en Cristo sin que haya cambios en su vida, ignora los signos vitales de la fe. Ocurren cambios en la vida del creyente desde el momento en que cree. Por otro lado, la doctrina que sostiene que uno puede alcanzar la perfección en el momento en que se rinde a Dios, olvida el crecimiento asociado a la vida de fe. Los cristianos que creen que ya llegaron a la meta, muestran una actitud muy infantil. Siempre habrá lugar con Dios para crecer y aprender y no se alcanza la perfección en la medida en que haya lugar para mejorar.

La gente de fe es gente que vive en tensión; no buscan la puerta ancha ni el camino fácil sino la puerta angosta y el camino estrecho (Mateo 7:13,14). Comparten la actitud de Pablo que escribe:

> *Olvidando ciertamente lo que queda atrás, y extendiéndome a lo que está delante, prosigo a la meta, al premio del supremo llamamiento de Dios en Cristo Jesús.*
>
> Filipenses 3:13, 14

La razón de Pablo para proseguir a la meta es la seguridad que él mismo da:

> *Estando persuadido de esto, que el que comenzó en vosotros la buena obra, la perfeccionará hasta el día de Jesucristo.*
>
> Filipenses 1:6

Si usted está buscando la seguridad de su salvación para poder ponerse cómodo y relajarse, cese de hacerlo. Su actitud no muestra los signos vitales de la fe ni el crecimiento que la acompaña. La Biblia advierte una y otra vez que hay una falsa seguridad. Jesús dice:

> *Muchos me dirán en aquel día: Señor, Señor, ¿no profetizamos en tu nombre, y en tu nombre echamos fuera demonios, y en tu nombre hicimos muchos milagros? Y entonces les declararé: Nunca os conocí; apartaos de mí, hacedores de maldad.*
>
> Mateo 7:22, 23

La seguridad es para aquellos que van en la dirección correcta; alienta a quienes están descorazonados y no quieren seguir. La seguridad motiva al creyente a ir más con el Padre. Dar seguridad es una de las obras del Espíritu Santo en nuestra vida. La Escritura dice:

> *El Espíritu mismo da testimonio a nuestro espíritu, de que somos hijos de Dios.*
>
> Romanos 8:16

Mi padre tenía su propia empresa y todos los hijos suyos trabajamos para él, en uno u otro momento. Cierto que teníamos privilegios que nadie más tenía. Podía hablar a mi padre cada vez que me era necesario pero, al mismo tiempo, por ser el hijo del jefe, quería trabajar mejor que los otros empleados para complacer a mi padre. (Sin mencionar que si trabajaba mal, tenía problemas en el trabajo y también en la casa). Debiera ser así con nuestro Padre celestial. La seguridad de ser hijos de Dios debe impulsarnos a obedecer a Cristo.

Pedro se refiere en 2 Pedro 1:4-10 a los componentes principales que nos son necesarios para que tengamos seguridad. Él cita las promesas de Dios como base de nuestra seguridad: "Por medio de las cuales nos ha dado preciosas y grandísimas promesas, para que por ellas llegaseis a ser participantes de la naturaleza divina" (Versículo 4). Para Pedro, la seguridad de estas promesas no tienen por qué tener como resultado una actitud de apatía hacia Dios sino, por el contrario, debemos ser diligentes en procurar que estas promesas se cumplan en nuestras vidas. En el versículo 10, escribe: "Por lo cual, hermanos, tanto más procurad hacer firme vuestra vocación y elección; porque haciendo estas cosas, no caeréis jamás".

"Sé que soy salva y voy al cielo", dijo blasfemando confidencialmente, la jovencita sentada en un rincón de la casa donde vendían drogas, excitada por una mezcla de cocaína y heroína. Le pregunté: "¿Por qué está tan segura de eso?" "Porque una vez pasé adelante, al altar en la iglesia. Hasta fui bautizada dos veces: una, por el sacerdote cuando era bebé y, también, cuando me sumergieron bajo el agua, justo el año pasado". Esta joven nada sabía de la seguridad bíblica. Primero, hablaba de su relación presente y futura con Dios apoyándose únicamente en los hechos del pasado. Si usted va a decir: "Soy salvo"; deber ser capaz de ver la evidencia de la obra de Dios en su vida presente. No podemos contemplar un hecho pasado y decir que somos cristianos porque pasamos al frente en una reunión o porque fuimos bautizados por agua o el Espíritu. La frase: "Soy cristiano"; está en el presente y, asimismo, la evidencia de su vida espiritual debe estar también en el presente. Uno puede decir: "Hice un compromiso con el Señor en tal fecha y ahora puedo ver la prueba de la fe en mi vida".

El segundo error encontrado en la seguridad que sentía la joven es el que se refiere a las cosas que ella hizo y no a las cosas que Cristo hizo por ella. En ninguna parte de su confesión de fe hubo una palabra acerca de la obra de Cristo. Toda la seguridad de la salvación descansa en la obra de Cristo en la cruz.

El joven juró que si Dios lo salvaba de la tormenta en que estaba atrapado iba a hacerse monje. Entró a la orden más estricta que pudo encontrar por miedo a la muerte y condenación de su alma. Se entregó por entero a la obra de negarse a sí mismo como medio de ganar la seguridad de su salvación, pero no pudo superar su pecado. El joven se volvió, entonces, a los sacramentos de la iglesia en busca de seguridad. Aún turbado por el pensamiento de no haber hecho lo suficiente, buscó ayuda de un sacerdote más viejo que le aconsejó graduarse en Biblia y enseñar. Este sacerdote encontró la seguridad cuando leía el Salmo 22 al darse cuenta, por primera vez, que su seguridad, y la de todo creyente, descansa sobre la obra de Cristo en la cruz. Entendió el versículo: "Dios mío, Dios mío, ¿por qué me has desamparado?", como que Cristo asumió en Sí todo el castigo del pecado. El hombre sólo tiene que poner su confianza completamente en la obra de Cristo y no en la suya propia. Martín Lutero fue liberado de sus miedos y dudas por las Escrituras, liberando también a la iglesia al dar nacimiento a la Reforma Protestante. Nuestra seguridad de cristianos descansa en lo que Cristo ha hecho por nosotros, y que se evidencia en la obra del Espíritu Santo en nuestra vida, no en lo que nosotros hacemos.

17

Auméntanos la fe

Los apóstoles pidieron al Señor que les aumentara la fe (Lucas 17:5). Quizá usted tomó este libro porque tiene ese mismo deseo. El Señor se complace con tal actitud si sus motivos son los correctos y si usted entiende lo que está pidiendo.

Versículos que dicen, por ejemplo: "Todo lo puedo en Cristo que me fortalece"; "Todas las cosas son posibles para aquellos que creen", lo dejan a uno con la sensación de que los problemas y dificultades que pasamos, las enfermedades y los sufrimientos que nos aquejan, resultan de nuestra poca fe. De modo que muchos son los que ruegan: "Aumenta mi fe"; esperando que Dios, como el hada madrina, mueva una varita mágica y ellos reciban, así, instantáneamente, una fe que haga sus vidas como cuentos de hadas y, entonces, "vivan felices para siempre". La Biblia no enseña eso aunque mucha gente vende fe como si fuera un elixir mágico. Si usted quiere tener una gran fe, mejor que primero mire en la Biblia a esas personas que son mencionadas por su fe para que entienda bien lo que conlleva esa fe aumentada.

Nos gusta mucho leer, en el capítulo once de Hebreos, llamado: "la galería de la fama de la fe", acerca de aquellos que conquistaron reinos, realizaron hechos de justicia, obtuvieron promesas, cerraron las bocas de los leones y recibieron su muerte por resurrección (versículos 33-35) pero, no olvidemos el versículo 36 y los siguientes: "Otros experimentaron vituperios y azotes, y a más de esto prisiones y cárceles. Fueron apedreados, aserrados, puestos a prueba, muertos a filo de espada; anduvieron de acá para allá cubiertos de pieles de ovejas y de cabras, pobres, angustiados, maltratados; de los cuales el mundo no era digno; errando por los desiertos, por los montes, por las cuevas y por las cavernas de la tierra".

No pida al Señor que le aumente la fe si usted busca el camino fácil en la vida. Si usted anda buscando el camino fácil, no lo encontrará en el cristianismo. Usted no puede seguir al Buen Pastor solamente por los lugares de delicados pastos y aguas de reposo porque, en su momento oportuno, deberá entrar por el valle de sombra de muerte. Pedir: "Aumenta mi fe" es lo mismo que decir al Señor que está listo para ser probado para sufrir. No hay nada malo en pedir que se aumente nuestra fe pero hay que saber qué pide. Repito, no se trata de conseguir de Dios lo que usted quiere sino de que Dios consiga de usted lo que Él quiere.

Los discípulos parecían motivados por las razones correctas cuando pidieron a Jesús que les aumentara la fe. El capítulo diecisiete de Lucas empieza cuando Jesús da instrucciones a los discípulos acerca de cómo vivir unos con otros. Jesús les advierte que no sean piedra de tropiezo para otros y que perdonen a quienes pecan contra uno, tantas veces como esa persona lo ofenda. Ese desafío a vivir relacionándose en forma justa unos con otros, fue lo que motivó a los discípulos a pedir a Jesús que les aumentara su fe. Esta es una de las pocas veces en los Evangelios que los discípulos captaron el mensaje de Jesús. Entendieron que solamente por fe se puede vivir relacionándose en forma apropiada con el prójimo. El mayor desafío de la vida y el mayor despliegue del poder de la fe consiste en que el hombre viva en relación apropiada con Dios y con su prójimo. Los discípulos se dieron cuenta que en sí mismos y propiamente por ellos, no podían hacer lo que Jesús les mandaba, de modo que le pidieron que les aumentara la fe. La respuesta de Jesús indica que los discípulos habían captado solamente la mitad de Su doctrina. Sí, la vida cristiana puede ser vivida únicamente por fe pero Jesús quiere que los discípulos entiendan que el poder no viene de la fe en la vida cristiana. Los discípulos se equivocaban al creer que podían dominar la vida cristiana si solamente tenían suficiente fe. La fe no es como del dinero: tener suficiente fe no significa que uno consigue de Dios lo que uno quiere. El poder no viene de nosotros ni de nuestra fuerza interior para desear que sucedan las cosas sino que viene de Dios.

El poder del pensamiento positivo no es fe, aunque nada malo hay en tener una actitud positiva. Efectivamente, los cristianos debieran tener la actitud más positiva de todos. Las Escrituras no enseñan que el poder de la fe viene de nuestro interior. Eso lo enseña un libro de cuentos infantiles, llamado "La pequeña locomotora que pudo" (como tengo niños pequeños me he vuelto a familiarizar con ese libro). "La pequeña locomotora que pudo" fue capaz de subir la montaña porque se convenció que podía hacerlo, diciendo, con ritmo de tren, "Creo que puedo, creo que pucdo, creo que puedo". Eso no es fe bíblica; es pensar en el estilo de la Nueva Era y es el concepto de fe que tiene la Nueva Era. Las actitudes positivas y la resolución interior no constituyen fe bíblica.

Si el pedido de los discípulos mostró que captaron el mensaje de Jesús, la respuesta de Él nos dice que los discípulos distaban mucho aún de comprender exactamente lo que Jesús quería de ellos. En el versículo 6 del mismo pasaje, Él les dice: "Si tuvierais fe como un grano de mostaza (la semilla de mostaza es una de las semillas más pequeñas que hay; no es más grande que este punto .) podríais decir a este sicómoro:

Desarráigate, y plántate en el mar; y os obedecería". Jesús dice que uno puede mover montañas en otros pasajes donde se refiere a la fe del tamaño de una semilla de mostaza; podemos parafrasear las palabras de Jesús de esta manera: "la cantidad mínimo de fe, aunque pequeña como una semilla de mostaza, puede tener a disposición suficiente poder para hacer lo imposible. Ustedes no necesitan más fe".

Jesús no quiere que Sus discípulos se esfuercen lo más que puedan por tener una fe del tamaño de una semilla de mostaza, lo cual es totalmente insensato. Recuerdo que una vez le pedí a mi hermano que me ayudara con un problema de matemáticas que me estaba resultando difícil. Cuando mi hermano vio el problema dijo: "Si tuvieras el cerebro del tamaño de un maní, podrías resolverlo". Cuando logré resolver ese problema, no anduve jactándome ante mi hermano que yo tenía el cerebro del tamaño de un maní. Cristo nos está diciendo lo mismo. Nosotros, los cristianos, no podemos jactarnos ni darnos crédito diciendo: "¡Por fin, fe del tamaño de una semilla de mostaza!" cuando Dios se mueve por Su poder a través de nuestra fe. En ninguna parte de la Biblia se nos manda a crecer en fe sino que nos dice que tengamos fe, que creamos, que permanezcamos firmes en nuestra fe pero nunca nos dice que crezcamos en nuestra fe. Nos manda, eso sí, a crecer en la gracia y el conocimiento de nuestro Señor Jesucristo (2 Pedro 3:18).

¿Cómo crecer en gracia? 1 Pedro 5:5; y Santiago 4:6 citan, ambos, del libro de Proverbios: "Ciertamente él escarnecerá a los escarnecedores, y a los humildes dará gracia" (3:34).

Nos humillamos ante Dios al hacer exactamente lo que Lucas 17:10 nos dice que hagamos, reconociendo que somos siervos indignos y que hemos hecho solamente lo que se nos mandó hacer. La clave para vivir la vida cristiana no es más fe sino el deber de cultivar la actitud encontrada en ese siervo.

¿Quién de vosotros, teniendo un siervo que ara o apacienta ganado, al volver él del campo, luego le dice: Pasa, siéntate a la mesa?

¿No le dice más bien prepárame la cena, cíñete, y sírveme hasta que haya comido y bebido; y después de esto, come y bebe tú? ¿Acaso da gracias al siervo porque hizo lo que se le había mandado? Pienso que no. Así también vosotros, cuando hayáis hecho todo lo que os ha sido ordenado, decid: Siervos inútiles somos, pues lo que debíamos hacer, hicimos. Lucas 17:7–10.

Esta parábola apunta directamente a los discípulos y obreros cristianos. Fíjese en las dos actividades del siervo de la parábola: ara o apacienta. Ambos términos son usados en el Nuevo Testamento para referirse a la obra de los ministros. La misma palabra pastor significa apacentar.

El problema por el cual tenemos que preocuparnos no es del tamaño de nuestra fe sino de nuestra actitud hacia Dios mientras tratamos de hacer Su voluntad. La tentación es que cuando empezamos a pensar que hemos hecho algo especial por Dios y comenzamos a sentir que debiéramos recibir algo de crédito, dejamos de ser útiles al Señor. Jesús dice, en cambio, que debemos tener la actitud de la humildad dándonos cuenta que sólo hemos hecho lo que Él nos ha mandado hacer cuando hicimos todo lo que podemos por el Señor, hasta rendir nuestras vidas a Su servicio. La clave de la vida cristiana no es más fe. La clave de la vida cristiana es la gracia. Pablo escribe:

Porque la gracia de Dios se ha manifestado para salvación a todos los hombres.

Tito 2:11

Pablo lucha con una especie de aguijón en su carne, aunque nadie sabe exactamente qué era, pero Él le dice:

Bástate mi gracia; porque mi poder
se perfecciona en la debilidad.

2 Corintios 12:9

El último versículo de la Biblia es:
La gracia de nuestro Señor Jesucristo
sea con todos vosotros.

Apocalipsis 22:21

Pero la parábola de Lucas 17 no retrata al Dios de las Escrituras y nuestra relación con Él. No muestra las riquezas de Su gracia y bondad para con nosotros. Para ver la gracia de Dios tendremos que volver dos capítulos atrás, a la parábola del hijo pródigo. El hijo vuelve a casa, no para hacer su trabajo en los campos, sino a restaurar una relación rota con su padre. No se le dice que vaya a atender al padre sino que, por lo contrario, él es vestido y restaurado a la familia; él es el huésped de honor de un banquete especial ofrecido por su padre. Así es cómo nos recibe Dios. Cuando vivimos amor como éste solamente podemos ser humillados.

Lo que usted y yo necesitamos para vivir la vida cristiana es solamente la mínima cantidad de fe y un máximo monto de gracia. Mi pastor espiritual es una anciana, de nombre Pat Hunter. Ella es para el Señor más que cualquiera que yo haya conocido. Suele decir: "He conocido a Jesús durante setenta años y no me he vuelto mejor: solamente Él se ha vuelto más dulce". Ella conoce la gracia de Dios.

¿Por qué buscar una gran fe cuando lo que realmente necesita y quiera es la gracia de Dios? Los más grandes hombres y mujeres de fe tuvieron solamente la fe del tamaño de la semilla de la mostaza. Usted tendrá tan sólo la fe del tamaño de la semilla de mostaza sin que importe cuántos milagros Dios pueda obrar por medio suyo, ni cuán enorme sea el ministerio que usted pueda tener. Dios lo concibió de esa manera de modo que siempre tendremos solamente una gloria, como lo dice Pablo:

> *Pero lejos esté de mí gloriarme, sino en la cruz de nuestro Señor Jesucristo, por quien el mundo me es crucificado a mí, y yo al mundo.*
>
> Gálatas 6:14

Cuando usted llegue al punto en que su única gloria sea en la cruz de Cristo, todos le dirán cuán grande es la fe que usted tiene, pero usted sabrá la verdad: qué gran gracia ha dado Dios.